BEWUSSTER TRÄUMEN

EIN BUCH FÜR TRAUMJOURNALISTEN

VON

CHRISTOPH GASSMANN

SETH-VERLAG

Veröffentlicht vom Seth-Verlag

Seth-Verlag
Postfach
CH-6204 Sempach
www.sethverlag.ch

Umschlaggestaltung: Christoph Gassmann
Redaktion: Seth-Verlag

ISBN-Printausgabe: 978-3-907833-97-1

Das Studium des Traumuniversums bedarf auch einer Reise nach innen, durch das Unterbewusstsein hindurch und weiter. Es braucht auch eine gewisse Objektivität, da ihr versuchen müsst, euer eigenes Universum von der anderen Seite her zu betrachten.

Seth, *Die frühen Sitzungen*, Band 1

INHALTSVERZEICHNIS

KAPITEL 1

EINFÜHRUNG

Seit über 30 Jahren setze ich mich mit Träumen auseinander, doch musste ich in dieser Zeit immer wieder feststellen, dass mein Interesse kein großes Echo auslöst. Gelegentlich wird mir die Frage gestellt: „Wofür ist die Beschäftigung mit Träumen denn gut?" Und dann komme ich immer in Nöte, wenn ich es zu erklären versuche, denn man kann mit Träumen kein Geld verdienen und kein Prestige erwerben. Diese beiden Faktoren sind aber in der heutigen Zeit sehr wichtig geworden. Außerdem hat unsere rationalistische und materialistische Kultur kaum einen Zugang zu Träumen, dies im Gegensatz zu fast allen anderen zeitgenössischen und vergangenen Kulturen. Sogar die moderne Psychologie beschäftigt sich lieber mit Verhalten, Systemen, Statistik und neurologischen Vorgängen, so dass die Erforschung des Inhalts der Träume nur noch ein Mauerblümchendasein fristet. Freud ist in dieser Wissenschaft schon lange gestorben, und Jung auch. So möchte ich an dieser Stelle eine kleine Geschichte erzählen, die als Gleichnis dienen soll, wie wichtig die Arbeit mit Träumen sein könnte:

Es war einmal vor langer, langer Zeit ein Stamm von Affen, oder waren es doch schon Menschen? Sie lebten im Wald und kletterten auf den Bäumen herum. Doch sie bewegten sich geschickt auch am Boden und konnten aufrecht gehen. Dabei waren ihre Hände nicht mit der Fortbewegung beschäftigt und hingen zeitweise recht nutzlos herunter. Diese Affen hatten ein reiches Sozialleben und konnten miteinander sprechen. Doch im Übrigen bestand ihr Leben aus jagen, sammeln und faulenzen.

In diesem Stamm lebte ein Mädchen, das war gar klug. Es hatte große klare Augen und beobachtete damit ihre Umgebung und ihre Stammesgenossen genau. Auch war es etwas unruhig und fingerte deshalb mit seinen Händen ständig an etwas herum. Wenn es nicht seine Stammesgenossen lauste, pflegte es einen Stein, ein Stück Holz oder einen anderen Gegenstand aus der Umgebung in den Händen zu halten und knubbelte daran herum. Dabei entdeckte es, dass es weichere Gegenstände, wie etwa Holz, verändern und ihm eine andere Form geben konnte. Freudig zeigte es diese neu erschaffenen Gegenstände seinen Kameraden und seinen Eltern: „Schaut, was ich da gemacht habe!", rief es dabei. Doch die anderen Affen hatten kein Verständnis dafür. „Brauche deine Hände für etwas Wichtigeres, wie zum Beispiel essen oder klettern, so wie wir es immer gemacht haben", pflegten diese zu erwidern. Doch das Mädchen hörte nicht auf sie und bastelte mit Lust an den Gegenständen herum. So entdeckte es nach langem Pröbeln, wie man eine Nadel oder ein einfaches Messer herstellen konnte. Als junge Frau war sie damit in der Lage, Häute zurechtzuschneiden und zusammenzunähen, welche als Kleidungsstücke dienen konnten. Damit machte sie vor allem bei den Männern Furore, denn sie sah recht schick aus in ihren selbstgemachten Kleidern. Und langsam sah der ganze Stamm ein, dass es sinnvoll sein könnte, die Hände auf forschende und intelligente Art zu gebrauchen.

Und, wie wir leicht erkennen können, ist im Laufe der Jahrtausende aus dem intelligenten Gebrauch der Hände eine ganze, riesige und erstaunliche menschliche Kultur entstanden, mit Städten, Maschinen und Wissenschaften. Praktisch alles, was wir in unserer Umgebung sehen, ist durch den sinnvollen Gebrauch unserer Hände entstanden.

Und genau so verhält es sich mit den Träumen. Sie sind ebenfalls Bestandteil unseres täglichen Lebens. Sie haben wohl eine Funktion, über die sich die Wissenschaftler aber immer noch streiten, doch wird ihr Potenzial in der breiteren Bevölkerung kaum erforscht und genutzt. Im Gegenteil werden diejenigen, die sich für das Thema interessieren, als Träumer angesehen, die vor der Realität flüchten. Dabei ist es genau umgekehrt: Diejenigen, die nicht auf ihr Traumleben achten, flüchten vor einer bedeutsamen Realität, in der sie ihre nächtlichen Erfahrungen machen. Und sie erkennen deshalb auch nicht, dass da ein natürliches und plastisches Material vorhanden ist, das geformt und genutzt werden kann. Die Träume gehören im Gegenteil so innig und selbstverständlich zu unserem Sein, dass wir sie sogleich vergessen, wenn wir aufgewacht sind. So baumelt unser Traumleben ungenutzt an uns herunter, wie die Hände in der Geschichte des frühen Affenstammes, der nicht einsehen wollte, dass man die Hände nicht nur dazu gebrauchen kann, um eine Banane in den Mund zu schieben oder an einem Baum zu hängen. Dabei bin ich überzeugt, dass man Träume nutzen und kultivieren kann, wenn man sich intelligent mit ihnen auseinandersetzt. Am Anfang mag es nicht klar sein, wofür man die Träume nutzen kann, doch die Einsicht wächst mit dem spielerischen und forschenden Tun. Ich denke, dass man durch die intelligente Auseinandersetzung mit Träumen eine hoch entwickelte geistige Kultur erschaffen kann, die der materiellen Kultur, welche durch den intelligenten Gebrauch der Hände entstanden ist, in nichts nachsteht. Allerdings kann ich nicht sagen, wohin genau dieser Weg führen wird, doch ist es wichtig, ihn zu beginnen. Einige Wegweiser sind schon vorhanden.

So möchte ich in diesem Buch einige Werkzeuge zur Verfügung stellen, mit denen mit Träumen gearbeitet und dieser Weg unter die Füße genommen werden kann.

Ursprünglich sind die einzelnen Kapitel als Beiträge der Zeitschrift „Multidimensionale Wirklichkeit“ erschienen. Dies ist die Zeitschrift der „Seth-Freunde“[1], einer lockeren Vereinigung von Leuten, welche die Philosophie von Seth, der Trancepersönlichkeit von Jane Roberts, studieren und unterstützen. Auch ich bin ein Freund dieser Philosophie und nehme öfters Bezug darauf. Doch ist es nicht notwendig, sich mit dieser Gedankenwelt auseinanderzusetzen, um dieses Buch zu verstehen. Jedoch kann ich das ganze Seth-Material als Lektüre wärmstens empfehlen. Seth nimmt sehr häufig Bezug auf die Traumwelt und liefert einen größeren Rahmen, in dem die Träume verstanden werden können.

Ich selber wurde ursprünglich von den Tiefenpsychologien von Freud und Jung geprägt und bin über 20 Jahre einer Überlieferung des Sufismus gefolgt, die sich intensiv mit Träumen als Boten des inneren Selbst auseinandersetzt. Heute betrachte ich mich als „Eklektiker“, der sich seine Erkenntnis aus verschiedenen Wissenschaften, Philosophien und mystischen Schulen, sowie vor allem aus der praktischen Auseinandersetzung mit der Welt der Träume holt. Aber wie gesagt: Dieses Buch soll keine abgehobenen Theorien vermitteln, sondern praktische Werkzeuge, mit denen der Leser die Traumwelt selber erkunden und verstehen kann.

Die Erinnerung an seine eigenen Träume und die bewusste Auseinandersetzung mit ihnen kann durchaus im Sinne der indischen Tradition als „Yoga“ verstanden werden, denn Yoga bedeutet Vereinigung oder Integration. In der hier vorgestellten westlichen Form bedeutet dieser Traumyoga die Vereinigung und Integration von Traumbewusstsein und Wachbewusstsein, von Tag und Nacht, von Bewusstem und Unbewusstem.

Die ägyptische Hieroglyphe auf dem Titelbild setzt sich aus denjenigen für „liegen – schlafen – Tod“ und „Auge – sehen – wahrnehmen“ zusammen. Sie veranschaulicht somit ausgezeichnet das Thema dieses Buches: Die bewusste Wahrnehmung und Erforschung der Welt der Träume.

Christoph Gassmann, Winter 2016

KAPITEL 2

DIE BEDEUTSAMKEIT DER TRÄUME IN DER HEUTIGEN ZEIT

Einige Personen befassen sich mit der Erforschung der Träume und arbeiten in „Traumlaboratorien"; aber auch hier haben wir es mit voreingenommener Wahrnehmung zu tun: Außenstehende Wissenschaftler untersuchen die Träume von anderen oder befassen sich vor allem mit den im Traumzustand eintretenden physischen Veränderungen. Das Problem ist, dass viele in der Wissenschaft tätigen Menschen nicht begreifen, dass es eine innere Realität gibt.

—Seth, *Die unbekannte Realität*, Sitzung 700

Das Wort „Bedeutung" steht für den „Sinn" von etwas, aber auch für dessen „Wichtigkeit". Alles, was uns im Leben begegnet, deuten wir, damit wir es einordnen, gewichten und ihm einen Sinn geben können. Das tun wir im Lichte der bisherigen Erfahrungen und der persönlichen Weltanschauung. Zu letzterer gehört natürlich auch das, was wir an kulturellen Werten übernommen haben, sei es im affirmativen oder auch im negierenden Sinn. Daraus lässt sich erkennen, dass der Bedeutung eines Ereignisses, oder in unserem Fall des Traumes, notwendigerweise ein subjektiver Faktor innewohnt, und dass man über dessen Bedeutsamkeit unterschiedlicher Meinung sein kann.

In unserer westlichen Kultur, die zurzeit sehr extravertiert und materialistisch eingestellt ist, wird den Träumen wenig Bedeutung beigemessen. Das ist an sich erstaunlich, denn die nächtlichen Träume bilden einen wesentlichen Bestandteil unseres Lebens. Wissenschaftliche Untersuchungen konnten zeigen, dass unser schlafender Geist nicht ausgelöscht ist. Das Bewusstsein erlebt immer etwas, besonders in den so genannten REM-Phasen, welche teilweise dem Wachzustand gleichen, in denen der Bewegungsapparat aber gelähmt ist. Nur die Augen bewegen sich rasch, woran man erkennen kann, dass im Schläfer etwas Lebhaftes vorgeht. In diesen Phasen ist das Traumerleben intensiv und kann relativ gut erinnert werden[2]. Doch die meisten „westlichen" Menschen beachten es nicht und vergessen es augenblicklich.

Unsere zeitgenössische Kultur steht diesbezüglich ziemlich alleine da, denn sowohl die alten schamanischen Stammeskulturen als auch die religiös geprägten Hochkulturen auf der ganzen Welt und in allen Zeitaltern richteten ihre Aufmerksamkeit auf das Träumen[3]. Die alten Ägypter und die Griechen[4] betrieben beispielsweise Traumtempel, wo die Menschen hin pilgerten um Rat und Heilung zu finden. Nach umfangreichen Vorbereitungen, die sowohl körperliche Behandlungen, aber auch Spiele und Theater beinhalteten, schliefen die Pilger in der Traumhalle, um einen von Gott gesandten Heiltraum zu erhalten. Vom Römer Artemidorus[5], einem anderen Beispiel aus unserer Geschichte, ist ein Werk der Traumdeutung überliefert, das uns zeigt, dass zu jener Zeit die Träume auch zu Orakelzwecken verwendet wurden. Feldherren und Könige ließen ihre Träume deuten, bevor sie in den Krieg zogen; Kaufleute befragten das Traumorakel, bevor sie auf Handelsreise gingen; und Heiratswillige wollten wissen, ob ihnen die Ehe Glück, Kinder und Segen bringe. Außerdem schrieb der spätantike Synesius von Cyrene[6] ein überliefertes Traktat über die Träume und deren wahrsagenden Aspekt. Interessant dabei ist, dass er die Niederschrift der Träume in einem Traumjournal propagierte und erkannte, dass die Träume individuell gedeutet werden müssen, um der persönlichen Weltanschauung, welche die Träume prägt, gerecht zu werden. Diejenigen unter uns, die noch eine ausgeprägt christliche Erziehung genossen haben, können sich zudem sicher auch an die eindrücklichen biblischen Geschichten erinnern, in denen Träume einen prophetischen Charakter hatten.

Im letzten Jahrhundert wurde in Europa der Traum weniger von Gott gesandt, sondern vor allem als persönliches psychisches Ereignis begriffen. Freud ist hier zu nennen[7]. Doch er scheiterte damit, der Traumdeutung eine naturwissenschaftliche Basis zu geben. Mit seiner recht einseitigen Betonung der Sexualität und der Wunscherfüllung als zentralem Sinn des seelischen Lebens und seiner Postulierung des „Unbewussten", indem alle abgelehnten und unterdrückten seelischen Regungen hausen, machte er Furore und faszinierte. Eine Zeitlang wurde vieles im Freud'schen Sinne gedeutet, nicht nur die Träume, und überall glaubte man verpönte sexuelle Inhalte und phallische Symbole zu erkennen. Das führte gesellschaftlich, aber auch wissenschaftlich zu heftigen Abwehrreaktionen. Viele Menschen wandten sich von ihrem Traumleben ab, weil sie sich nicht mit verdrängten und unangenehmen Inhalten auseinandersetzen wollten.

C.G. Jung band seine Traumdeutung eher an philosophische Konzepte und entwickelte eine ausgeprägt dualistische Psychologie, in der jeder seelische Inhalt ein Gegenteil aufweist, beispielsweise die weibliche Anima und der männliche Animus, oder die der Umwelt zugewandte Persona und der abgelehnte seelische Schatten. Kulturübergreifende seelische Inhalte nannte er Archetypen[8]. Doch

Jung wird heute aus dem Blickwinkel der Naturwissenschaften eher in die esoterische Ecke geschoben. In der objektivierenden und materialistisch orientierten Naturwissenschaft, zu der sich heute auch die Psychologie zählt, wird das subjektive Erleben und damit auch die subjektive Traumdeutung abgelehnt, da sie nicht objektiv beweisbar ist. Der Psychiater und Hirnforscher Allan Hobson[9] ließ sich, wohl in Reaktion auf Freud, sogar dazu hinreißen, die Träume als Abgase des schlafenden Gehirns zu bezeichnen. Wenigstens konnte in den letzten Jahrzehnten der EEG-Beweis[10] den luziden Traum in den Fokus der Wissenschaft rücken, weil ein „objektiver" Befund erzeugt werden konnte.

Heute beschränkt sich die psychologische Traumforschung weitgehend auf die Untersuchung der Hirnaktivitäten mittels EEG und bildgebenden Verfahren. Sie wird als Teil der Schlafforschung verstanden. Mittels standardisierter Inhaltsanalyse wird zudem der Frage nachgegangen, wovon die Menschen überhaupt träumen; individuelles Traumerleben ist daher weniger von Interesse. Im geisteswissenschaftlichen und im anthropologischen Bereich wird erforscht, welche Bedeutung den Träumen in der Literatur und in anderen Kulturen beigemessen wird. Doch im deutschen Sprachraum gibt es leider nur noch wenige Professoren, die sich dem Thema Traum widmen. Ich vermute, dass die Überväter Freud und Jung, aber auch generell die Vermeidung von geistigen Inhalten als Objekt wissenschaftlicher Untersuchung einer offenen und kreativen Weiterentwicklung des Traumverständnisses entgegenstehen. Im angelsächsischen Sprachraum ist die Situation zurzeit etwas besser.

Auch in der Psychotherapie spielt die Traumdeutung häufig keine zentrale Rolle mehr. Die Freud'schen Psychoanalytiker verstehen die Träume meist nicht mehr als

Königsweg zum Unbewussten. Einzig die Jungschen Analytiker beschäftigen sich noch eingehend mit dem Thema. Abseits der analytischen Psychologie gibt es jedoch nur noch ganz wenige Leute, die über längere Zeit ein Traumtagebuch führen und ihren persönlichen Träumen nachforschen.

Was ist nun aber der Sinn oder eben die Bedeutung der Träume aus wissenschaftlicher Sicht? Wir wissen, dass alles in unserem Körper mindestens eine Funktion hat, meist aber mehrere. So müssten die Träume eigentlich auch einen Zweck haben, ob erinnert und gedeutet oder nicht. Es gibt bisher keine allgemein wissenschaftlich anerkannte Funktion der Träume. Von Bedeutung ist aber die Erkenntnis, dass diese vermutlich beim Lernen eine wichtige Rolle spielen. Im Traum werden die täglichen Erfahrungen und Lerninhalte verarbeitet und in das riesige Netzwerk der bisherigen Erfahrungen integriert und gespeichert. Dafür spricht auch die assoziative Natur der Träume. Bei der kreativen Entwicklung von neuen Ideen dürften sie ebenfalls eine Rolle spielen. Es ist nicht zuletzt anzunehmen, dass Träume notwendig sind, um die Aufrechterhaltung des psychischen Gleichgewichtes zu gewährleisten[11].

In der populären Kultur genießen Träume und die Beschäftigung mit ihnen kein hohes Ansehen. „Träume sind Schäume" ist ein alter Spruch, der den meisten schnell in den Sinn kommt. Damit wird ihre Belanglosigkeit und leere Sinnlosigkeit betont. Ich persönlich habe die Erfahrung gemacht, dass das Thema Traum bei vielen Leuten ein oberflächliches Interesse auslöst, das bald verebbt. Immer wieder einmal werde ich mit der stereotypen Frage konfrontiert, was es bedeutet, wenn einem im Traum ein Zahn ausfällt, oder, ob wir denn nun in Farbe oder Schwarzweiß träumen? Diese Fragen haben wir aber schon vor 50 Jahren auf dem Pausenplatz diskutiert, und es scheint mir, dass da etwas unendlich wiederholt wird, ohne dass die Chance besteht, weiter oder tiefer zu gehen.

Auf der anderen Seite wird der Traum idealisiert; man spricht von einem Traumauto oder einem Traumhaus. Ein schönes Erlebnis wird als traumhaft bezeichnet. So ist es naheliegend, dass die Werbung diese Bedeutung vereinnahmt hat, um ihre traumhaften Produkte anzupreisen. Es lohnt sich in diesem Zusammenhang, einmal das Wort „Traum" zu googeln und zu untersuchen, was auf den ersten fünf Seiten erscheint. Natürlich hat diese idealisierte Vorstellung von (Wunsch-)Traum und Traumhaftigkeit wenig mit unseren nächtlichen Träumen zu tun.

In einem deutschen Klartraumforum diskutierten wir einmal über die Anonymität der Forumsdiskussionen, die meist unter Pseudonym geführt werden. Bei den wenigsten Diskussionsteilnehmern war aus ihren Angaben zu entnehmen, wie sie mit zivilem Namen heißen und wo sie wohnen. Es zeigte sich, dass einige Angst hatten, dass sich ihr Interesse am Klarträumen negativ auf ihre schulische, studentische oder berufliche Karriere auswirken könnte, wenn es bekannt würde. Es wurde befürchtet, dass die Beschäftigung mit dem Thema Traum als harmlose, aber ziemlich abseitige Spinnerei betrachtet wird, der man Geringschätzung entgegen bringt. „Wofür kann man schon einen Träumer gebrauchen, ist der tüchtig? Auf welcher Wolke lebt der? Kann man ihn ernst nehmen?" Das zeigte mir eindrücklich, was für einen geringen Wert das Thema Traum in breiteren Bevölkerungskreisen haben muss, insbesondere, wenn es darum geht die wirklichen und ernsthaften Lebensprobleme zu bewältigen, wie zum Beispiel Arbeit und Karriere. Haben Träume tatsächlich nichts mit den wirklichen Problemen unseres Lebens zu tun, mit unserem Streben, mit unserer Arbeit? Das Thema des nächtlichen Traums scheint nicht so recht in unsere extravertierte, leistungs- und konsumbetonte Gesellschaft zu passen.

Diese Erörterung über die Bedeutsamkeit der Träume in unserer Kultur hat einen praktischen Aspekt, weshalb ich sie vor die folgenden Anleitungen, wie man mit Träumen arbeiten kann, gesetzt habe. All diese Einstellungen sind nämlich in uns selber zu finden, denn wir sind die Kinder unserer Kultur und unserer Zeit. All diese Sichtweisen beeinflussen uns mehr oder weniger, auf die eine oder andere Weise in unserer Wahrnehmung der Träume. Ich begegne beispielsweise in meiner Online-Traumdeutung immer wieder der häufig nicht ausgesprochenen, aber implizit angedeuteten Befürchtung, dass ein Traum wahr werden könnte, dass er also einen wahrsagerischen und prophetischen Charakter hat.

Auch sind infolge von Freud und Jung die Verknüpfungen von Traum und Psychotherapie fest in unserem Bewusstsein verankert. Eine Verknüpfung, mit der ich persönlich gar nicht so glücklich bin, denn sie wird dem ausgesprochen vielseitigen Phänomen Traum in keiner Weise gerecht und schränkt die möglichen Fragestellungen drastisch ein. Träumen kann gerade so gut mit Kreativität, mit Abenteuer, mit Reisen und Ausflügen, mit Vergnügen und mit Bewusstseinserweiterung usw. verknüpft werden. Stattdessen wird suggeriert, dass die Arbeit mit Träumen nur etwas für Neurotiker sei, die auf der Couch der Psychoanalytiker gelandet sind. Auch wird mit dieser Verknüpfung suggeriert, dass es einen Fachmann braucht, um mit seinen eigenen Träumen zu arbeiten. Dem möchte ich aber entgegnen: Benötigen wir eine Fachperson, um unsere Hände zu benutzen? Nein, wir haben durch Experimentieren und durch Anleitung gelernt, die Hände selber zu benutzen. Dasselbe gilt auch für die Träume.

Das Thema luzider Traum[12] bringt eine neue Sichtweise in das Thema und wird zunehmend von Hollywood in

Anspruch genommen. Ich denke da an Blockbusters wie „Matrix“ und „Inception“. Wenn jene Produzenten erkennen, was für ein enormes Potenzial Träume und insbesondere das luzide Träumen haben, so stellen sie es häufig in einen gewalttätigen Zusammenhang, in dem es einzig darum geht, Macht zu erlangen, und sei es durch die Kontrolle der Träume anderer. Wie wenn die Beeinflussung der Massen durch die Reklame nicht schon lange der Fall wäre! Doch stelle ich im Kontakt mit Journalisten fest, dass sie häufig nicht bereit sind, sich auf das Thema des luziden Traumes einzulassen, sie wollen immer wieder dieselben Geschichten von der Traumdeutung, von Artemidor, Freud, Jung und Hobson hören. Dass Traumarbeit nicht nur Traumdeutung ist, blenden sie aus, da es nicht zum Mainstream-Bewusstsein gehört. Es ist ihnen, welche die „schweigende Mehrheit“ ansprechen wollen, zu abgehoben, zu phantastisch und zu esoterisch. Dabei könnte das Klarträumen gerade helfen zu erkennen, dass der Traum nicht nur eine Symbolsprache ist, sondern eine vollständige Welt, in der wir leben, erleben und agieren, ob wir das nun anerkennen oder nicht.

Unsere kulturelle Prägung hat immer wieder einen Einfluss auf die konkrete Traumarbeit, angefangen bei der Traumerinnerung. Richten wir unsere Aufmerksamkeit auf die Träume und schaffen es, ein Traumfragment zu erhaschen, so ist die Chance groß, dass es ein etwas bizarrer, scheinbar zusammenhangloser Traum ist, bei dem nicht zweifelsfrei klar wird, wie die lineare Abfolge ist, denn unser nächtliches Bewusstsein funktioniert anders und folgt nicht den Regeln der linearen Logik. Infolge unserer kulturellen Prägung neigen wir deshalb oft dazu, den Traum negativ als konfus, sinnlos und bizarr zu beurteilen. Träume sind eben Schäume. Das Resultat daraus ist, dass es schwieriger wird, weitere Träume zu erinnern, da wir uns suggeriert haben, dass dieses Unterfangen keinen Sinn macht. Es macht außerdem nicht immer Freude, die wohlbekannten Probleme in der Partnerschaft und am Arbeitsplatz in unzähligen Variationen auch in der Traumwelt vorzufinden, wo man doch so gerne ein „traumhaftes“ Erlebnis gehabt hätte, eine glückliche Romanze, beruflichen Erfolg oder ein spannendes Science-Fiction- oder Fantasy-Abenteuer. Es muss also eine konstruktive Haltung gefunden werden, um diesem wirren Patchwork von Traumereignissen oder den aus dem Wachleben sattsam bekannten dramaturgischen Plots konkret zu begegnen.

Auch beim luziden Träumen bin ich immer wieder meinen kulturellen Prägungen begegnet. Als mir zum ersten Mal eine bewusst herbeigeführte außerkörperliche Erfahrung gelang, träumte ich in der Folge von der französischen Revolution, in der ich nicht auf der Seite der Aufständischen kämpfte, sondern auf der Seite der Regierungssoldaten, welche die Revolution niedermachte. Später in der Nacht träumte ich, dass ich mit Gesinnungsgenossen auf einer Galeere ruderte. Dabei sangen wir ein Lied, das uns vergegenwärtigte, dass wir alle zusammen in den Wahnsinn ruderten. Kurz: Mein christlich und materialistisch geprägtes Weltbild wurde durch die außerkörperliche Erfahrung in Frage gestellt, massiv bedroht und so ins Wanken gebracht. Das muss nicht bei jedem so ablaufen, doch zeigt dies, dass die kulturellen Konditionierungen, ob wir uns bewusst damit identifizieren oder nicht, ins Traumleben hineinwirken. Auch ist es mir in luziden Träumen öfters passiert, dass ich ausgelacht, verhöhnt, beschimpft und getadelt wurde, wenn ich Traumfiguren darauf ansprach, dass wir uns alle in einem Traum befinden. Offenbar gibt es in mir Anteile, die das Phänomen verleugnen, obwohl meine bewusste Haltung ganz anders ist.

So kann ich dem Trauminteressenten empfehlen zu

rekapitulieren, was er über Träume weiß und wie dieses Wissen seine Einstellung prägt. Auch muss er sich bei der konkreten Traumarbeit im Klaren sein, dass er kulturellen Prägungen begegnen wird, mit denen er sich bewusst gar nicht identifiziert. Da unsere westliche Kultur aber eine eher negative Haltung und eine beschränkte Sichtweise in Bezug auf Träume hat, wird sich dies auch so, nämlich als Begrenzung oder gar als Hindernis, in der persönlichen Traumarbeit zeigen. Diese gilt es zu überwinden, und ich hoffe, dass in näherer Zukunft die Bedeutsamkeit der Träume individuell, aber auch kollektiv wieder höher eingeschätzt wird.

KAPITEL 3

TRÄUME ERINNERN UND AUFSCHREIBEN

Eure Zivilisation hat versäumt, aus den Träumen größeren Nutzen zu ziehen. Euer Bewusstsein wäre tatsächlich fähig, sich der Träume besser zu erinnern, als ihr dies zulasst. Ein entsprechendes Training würde die Dimension eures Lebens unschätzbar bereichern.

—Seth, *Die Natur der Psyche*, Sitzung 796

Die einfache Gewohnheit des Aufschreibens und Erinnerns eurer Träume eröffnet Kanäle zwischen dem, was ihr als euer bewusstes und unbewusstes Selbst betrachtet. Das Training lehrt euch, von einer Realitätsebene zu einer anderen zu wechseln und mit beiden Händen eure Schnäppchen zurückzubringen. Ihr könnt dieses Training brauchen, ob der Traum dann wichtig für euch ist oder nicht.

—Seth, *Im Dialog mit Seth*, Kapitel 2

In diesem Kapitel wird es nach den allgemeinen Erörterungen über die Bedeutsamkeit der Träume konkret, sehr konkret. Die Traumerinnerung ist das A und O der Traumarbeit, das Herzstück. Alles andere baut auf ihr auf und entwickelt sich aus ihr. Ohne die Erinnerung an die Träume schließen wir gewohnheitsmäßig einen großen Teil unseres Bewusstseinsspektrums aus. Und wie wir im letzten Kapitel gesehen haben, hat es diesbezüglich unsere westliche Kultur mit ihrem aufgeklärten Rationalismus und Materialismus auf die Spitze getrieben. Wie ich in meinem letzten Buch[13] zeigte, hat eine Jahrtausend währende kulturelle Entwicklung einen psychischen Abgrund geschaffen, der unser Bewusstsein in ein offizielles (Tages-)Bewusstsein und ein inoffizielles (und nächtliches) Unbewusstes zweigeteilt hat.

Der ununterbrochene Schlaf

In unserer Kultur wird die Nacht als reine Erholungsphase verstanden, in der nichts passiert – und so erleben die meisten Individuen diese auch. Gut ist, an einem Stück und mehrere Stunden durchzuschlafen, um am nächsten Tag wieder erleben, arbeiten und konsumieren zu können. Bei jungen Leuten besteht zudem die Neigung, möglichst spät ins Bett zu gehen, weil man abends noch etwas erleben möchte und Angst hat, etwas zu verpassen. Die wirtschaftliche Entwicklung hat es zudem mit sich gebracht, dass der Arbeitsplatz nicht mehr am Wohnort ist. Das wiederum hat dazu geführt, dass die Mittagsfreizeit auf eine kurze Lunchpause verkürzt wurde, damit man abends früher zu Hause sein kann. Als ich ein Kind war, gab es zur Mittagszeit noch einen zweistündigen Unterbruch, während dem die Geschäfte schlossen. Da gab es die Gelegenheit, sich nach dem Essen zu einem Nickerchen hinzulegen. Doch die zunehmende Industrialisierung, auch des Dienstleistungssektors, hat zu einer ununterbrochenen Wachzeit von 16 Stunden und mehr, sowie zu einer durchgehenden Schlafzeit von 8 Stunden oder weniger geführt.

In der Nacht aufwachen

Diese kulturelle Selbstverständlichkeit ist der Traumerinnerung abträglich, da in der Nacht der fokussierte Geist erschöpft völlig loslässt und wie ein Blatt im seelischen Wind baumelt. Dadurch wird die Traumerinnerung erheblich erschwert, denn es braucht einen Rest an fokussierter Aufmerksamkeit, um nach einem Traum zu erwachen, damit er erinnert werden kann. Seth[14] war für mich der Erste, der mich darauf hinwies, dass es Sinn macht, nicht zu lange an einem Stück zu schlafen und den Schlaf zu unterbrechen, bzw. mehrere kürzere Schlafphasen über 24 Stunden zu verteilen. Seine Vorschläge schienen mir aber für die meisten Menschen, die durch ihre Arbeit in einem „Zeitkorsett“ stecken, kaum praktikabel. Später entdeckte ich, dass im Luziditätstraining[15] der so genannte WBTB (wake, back to bed), also der Unterbruch des Schlafes in der Nacht, eine wichtige Rolle spielt und auch für die Traumerinnerung nutzbringend eingesetzt werden kann. Doch davon später.

Die Bedeutung der Erinnerung

An dieser Stelle seien noch ein paar Bemerkungen zum Stellenwert der Erinnerung eingefügt: Der Erinnerung wird beispielsweise von den Sufis ein viel tieferer Sinn beigemessen als bloße Erinnerung an vergangene Ereignisse, an Tradition und Nostalgie. Erinnerung, „dhikr“[16], ist die Erinnerung an den göttlichen Ursprung, an den ursprünglichen Seinszustand, bevor wir die menschliche Gestalt angenommen haben. Auch Elias[17], ein nicht inkarnierter Wesenskern und Schüler von Seth[18], der durch Mary Ennys spricht, verwendet das Wort „Erinnerung“ in eben diesem viel tieferen Zusammenhang. Bei ihm geht es um die Erinnerung an unseren weiteren und größeren Wesenskern, der über die Erinnerung seiner verschiedenen Aspekte langsam erkennbar wird. Aus meiner Sicht gehört die Traumerinnerung ganz klar zu diesem tieferen Sinn der Erinnerung, denn in den Träumen werden diese Persönlichkeitsaspekte erkennbar, die im Tagesbewusstsein kaum bemerkt werden, die aber trotzdem in unseren Alltag hineinwirken. Kein Wunder, dass alle diese geistigen Schulen, sowohl die Sufis[19] als auch Seth[20] und Elias[21], deshalb Wert auf das Erinnern von Träumen legen.

Die Schlafphasen

Nun möchte ich zuerst auf einige wissenschaftliche Erkenntnisse eingehen, die helfen, Träume leichter zu erinnern: Unser nächtlicher Schlaf ist in verschiedene Schlafphasen eingeteilt[22]. (Siehe Graphik[23])

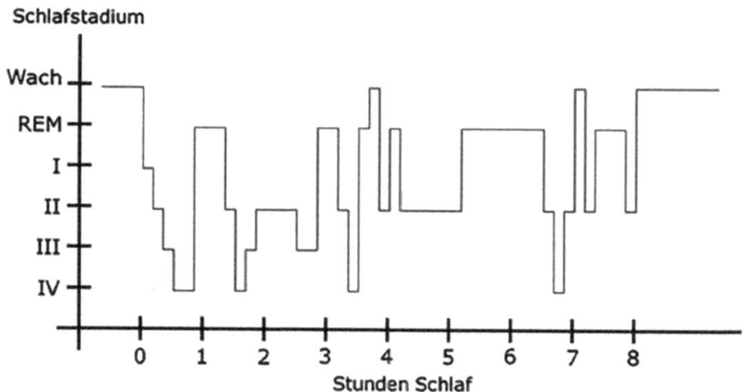

Abends sinken wir erschöpft bald einmal in den Tiefschlaf, um zwischendurch in REM-Phasen aufzutauchen. In den REM-Phasen ist der Körper gelähmt, die Augen bewegen sich aber lebhaft. In ihnen finden Träume statt, die relativ leicht erinnert werden können. Häufig ist es so, dass am Ende der REM-Phase ein Mikroerwachen erfolgt, nach dem man wieder in eine tiefere Schlafphase absinkt.

Nun ist es aber so, dass in der ersten Schlafhälfte der Tiefschlaf dominiert (Phasen III und IV), in der zweiten Nachthälfte jedoch der leichte Schlaf (Phasen I und II), sowie die REM-Phasen. In dieser zweiten Schlafhälfte wurde gemessen, dass im Hirn der Botenstoff Azetylcholin verstärkt ausgeschüttet und das cholinergische System aktiviert wird[24].

Die abendliche Suggestion

Um nach den Tiefschlafphasen in der ersten Nachthälfte die Aufmerksamkeit wieder zu erhöhen, kommt nun der WBTB ins Spiel: Man kann sich beispielsweise abends vor dem Einschlafen suggerieren, nachts nach 3 - 4 Stunden Schlaf und nach einem Traum aufzuwachen und ihn aufzuschreiben. Um dem nachzuhelfen, kann man vor dem Schlafen noch etwas Wasser oder Tee trinken. Der dadurch entstehende Blasendruck hilft, dass das Mikroerwachen nach der REM-Phase zu einem vollen Erwachen führt. Die Suggestion sollte dabei nicht nur sprachlich erfolgen, sondern auch bildlich. Man stellt sich dabei konkret vor, wie man in der Nacht nach einem Traum aufwacht, nach dem Lichtschalter und nach dem Notizwerkzeug greift und dann den Traum notiert.

Erwachen und erinnern

Nun gilt es aber beim nächtlichen Erwachen nicht nur dem Blasendruck und der Absicht, auf die Toilette zu gehen Aufmerksamkeit zu schenken, sondern vorerst unbeweglich im Bett zu bleiben und sich zurückzuerinnern, was vorher war. War da ein Gedanke, eine Szene oder gar ein längeres Traumerlebnis? Es ist hier wichtig, möglichst bewusst zu rekapitulieren, was vorher war. Dabei sollte das Bewusstsein aber nicht zu stark angespannt und konzentriert werden. Erst dann kann man sich bewegen, den Traum aufschreiben und auf die Toilette gehen. Alternativ kann auch auf einen Mp3-Player, ein Handy oder ein Diktiergerät gesprochen werden. Wenn dabei Licht gemacht wird, so führt das natürlich zu einem stärkeren Aufwachen, nachdem es eine Weile braucht, bis man wieder einschlafen kann. Doch das ist eigentlich gerade erwünscht. Ein deutlicher Unterbruch des Schlafes führt nämlich dazu, dass sich der Geist vor und nach dem WBTB nicht mehr so gehen lässt, sondern dass ein Rest an Konzentration und fokussierter Aufmerksamkeit bleibt. So können im leichteren Schlaf am frühen Morgen die Träume besser erinnert werden, und die Chance besteht, dass diese auch nicht ganz so wirr sind. Auch wird der Geist trainiert, eine latente Aufmerksamkeit während den 6 – 8 Stunden Schlaf aufrecht zu erhalten. Die Chance, dass er aufmerkt, sobald etwas geschieht, wird größer. Der Schlaf verwandelt sich von einem leeren „schwarzen Loch" zu einer Zeit, wo immer wieder einmal etwas geschieht, das mal besser, mal weniger gut erinnert werden kann. Dadurch wird die Erholsamkeit des Schlafes aber nicht gemindert.

Nun möchte ich noch auf das Erwachen am Morgen eingehen. Vor dem Aufwachen träumen wir meist längere Zeit. Doch der Wecker ist ein Traumkiller, er zerreißt das feine Traumgewebe. Sein Gerassel führt zu einem Aufschrecken und meist auch zu einer Körperbewegung mit dem Zweck, den Wecker auszuschalten. Der Traum ist dann meist weg oder zumindest schwerer zu erinnern. Will man sich also an die Träume aus dieser langen Traumphase erinnern, so ist es sinnvoll, sich beim Einschlafen am Abend und/oder nach dem WBTB zu suggerieren, zehn Minuten vor dem Wecker aufzuwachen. Das funktioniert, wenn man es konsequent jede Nacht durchführt.

Natürlich besteht am Wochenende mehr Muße, den Schlaf langsam ausklingen zu lassen und sich an die Träume zu erinnern. Doch wenn man ernsthaft an seinen eigenen Träumen interessiert ist, so empfiehlt es sich, die Traumerinnerung jede Nacht zu trainieren; sie wird dann immer besser, ja fast mühelos, und funktioniert von selbst, so dass man dazu neigen mag, sie zu vernachlässigen. Tut man dies, so wird die Traumerinnerung nach ein paar Nächten wieder schlechter und endet schließlich wieder in völligem Vergessen.

Rhythmen und Zeiten

Hier gilt es, einen sinnvollen Rhythmus zu finden, denn totale Verbissenheit ist wie arge Nachlässigkeit nicht sinnvoll. Auch gilt es individuell herauszufinden, wann der WBTB in der Nacht eingeführt werden soll, wie lange er dauern und wie intensiv die Wachheit sein soll. Wenn man den WBTB zu spät am frühen Morgen einfügt, kann man eventuell nicht mehr einschlafen, dasselbe gilt für intensive und längere Wachheit während des WBTB. Erfolgt er jedoch zu früh in der Nacht, folgt nachher eine Tiefschlafphase, welche der Traumerinnerung nicht förderlich ist. Erfolgt der WBTB zu wenig intensiv, indem man ohne Licht nur kurz ein paar Stichworte auf das Diktiergerät spricht oder gar den Traum im Dunkeln memoriert, indem man ihn einmal bewusst durchgeht, so hilft das der Traumerinnerung auch nicht, da das Bewusstsein zu wenig konzentriert und fokussiert wird und sogleich wieder völlig loslässt.

Der Schlaf mag im letzten Fall dann „gut“ und tief sein, aber eben „traumlos“. Hier zeigt es sich, wie kulturelle Werte bei der Beurteilung des Schlafes eine wichtige Rolle spielen. Das Aufwachen in der Nacht wird als „schlecht“ bewertet, die ununterbrochen durchpennte Nacht wird als gut und erholsam eingeschätzt.

Und noch etwas: Um mit Träumen zu arbeiten, braucht es genügend Schlaf! Das heißt insbesondere, dass man am Abend nicht zu spät das Licht löschen soll, um genügend Ruhezeit zu haben und um einen WBTB einfügen zu können, ohne dass man am Morgen unausgeschlafen ist. Das mag einigen Leuten schwer fallen, die „Nachteulen“ sind und erst in der Nacht so richtig wach werden oder die gerne bis spät in die Nacht gamen. Hier gilt es, Prioritäten zu setzen. Ich möchte da hinzufügen, dass gut erinnerte Träume intensiver sind als Computerspiele, denn die Traumrealität ist umfassender als die virtuelle Realität.

Hilfsmittel

Nun möchte ich noch auf das Kapitel der Hilfsmittel eingehen, die dem Schläfer helfen, seine Träume besser zu erinnern. Seth selber hat da einiges angegeben, was ich vor längerer Zeit einmal herausgeschrieben habe, doch leider weiß ich nicht mehr, wo ich das her habe. Er empfiehlt beispielsweise, mit dem Kopf nach Norden zu schlafen. Normalerweise schlafe ich mit dem Kopf nach Nord-Osten. Gelegentlich bin ich aber auf der Lenzerheide in den Bündneralpen in den Ferien. Dort schlafe ich mit dem Kopf nach Norden und habe immer ein sehr intensives Traumerleben, das aber auch mit partieller Schlaflosigkeit einhergeht. Etwa um 4 Uhr wache ich nach einem Traum auf und kann lange Zeit nicht mehr einschlafen. Morgens, wenn es hell wird, döse ich nochmals ein und träume nochmals intensiv. Es handelt sich hier also um einen unfreiwillig langen WBTB. Ob das nun mit meiner Ausrichtung nach Norden zu tun hat oder mit dem so genannten Reizklima der Lenzerheide, dem allgemein eine belebende Wirkung nachgesagt wird, sei dahingestellt. Jedenfalls ist dieser Effekt im Winter, wenn die Luft sehr klar und trocken ist, deutlich stärker als im Sommer. Seth empfiehlt im Schlafraum zudem eine niedere Luftfeuchtigkeit und kühle Farben. Eier, Spargeln und Fischöl seien zudem dem Traumleben förderlich.

Gute Erfahrungen in Bezug auf ergänzende Hilfsmittel habe ich mit Vitamin B Komplex gemacht, in dem Cholinbitartrat enthalten ist. Einige der B-Vitamine haben mit der Nerventätigkeit zu tun, und das Vitamin-B-ähnliche Cholinbitartrat wird im Körper zu Azetylcholin umgebaut, das beim Träumen eine wichtige Rolle spielt. Das preiswerte Präparat der Firma Burgerstein, das ich verwende, ist nur in der Schweiz und in Österreich frei erhältlich. In Deutschland gibt es ein ähnliches Produkt mit dem Namen B-100 von Fairvital. Vitamin B Komplex und Cholinbitartrat kann abends vor dem Schlafen oder nachts beim WBTB eingenommen werden.

Wer kein Fischöl zu sich nehmen will, wie Seth es vorschlägt, kann es mit Omega-3-Fettsäuren ersetzen. (Die Kapseln schmecken leicht nach Lebertran.)

Das traditionelle Hausmittelchen unserer Großmütter, ein Glas warme Milch vor dem Schlafen, verhilft zu einem vertieften Schlaf, denn es enthält l-Tryptophan, das im Körper in der Dunkelheit zu Melatonin umgebaut wird, welches den Tiefschlaf fördert. Natürlich gibt es heute l-Tryptophan auch im Handel. Der so ausgedehnte Tiefschlaf in der ersten Nachthälfte wird dann nach dem WBTB mit einem so genannten REM-Rebound nachgeholt: In der zweiten Nachthälfte treten gehäuft traumreiche REM-Phasen auf. All diese Wirkstoffe sind in Europa rezeptfrei und als Nahrungsergänzungsmittel im Internet oder in Apotheken erhältlich.

Eine andere Möglichkeit ist Beifuß (Artemisia vulgaris, mugwort), ein Verwandter des Wermuts. Das getrocknete Kraut kann in ein Säcklein gefüllt werden, das man unters Kopfkissen legt. Er soll die Traumerinnerung gemäß indianischer Tradition verbessern. Der Sinnesreiz des Duftes kann wie der Blasendruck auf jeden Fall helfen, beim Mikroerwachen daran erinnert zu werden, Träume zu erinnern und aufzuschreiben. Beifuß oder heiliger Basilikum (Ocimi sancti, Tulsi) sind als Gutnachttee angenehm einzunehmen. Sie erzeugen unter anderem auch den oben erwähnten Blasendruck, der hilft, nach einem Traum zu erwachen.

Sehr interessante Erfahrungen habe ich mit Halbedelsteinen gemacht, die in Spezialgeschäften wie auch im Onlinehandel erhältlich sind. Insbesondere den Mondstein möchte ich dabei erwähnen. Die weiß-bläuliche Varietät aus Sri Lanka, die als Schmuckstein verwendet wird, ist teurer und meist klein. Günstiger und etwas größer ist die gelblich-orange Varietät aus Indien, die man als Trommelstein erhalten kann. Außerdem gibt es eine schwarze Variante, die es auch in größerer Form als Seifenstein oder Kugel gibt. Ich habe die gelben und schwarzen Varietäten ausgiebig getestet, beide fördern die Lebhaftigkeit und Erinnerbarkeit der Träume. Die Größe oder die Anzahl der Steine scheinen dabei eine Rolle zu spielen. Mit einem schwarzen Mondstein von 6 x 4 cm erzeuge ich einen sehr deutlichen Effekt.

Grundsätzlich ist bei all diesen Hilfsmittelchen zu erwähnen, das in Bezug auf das Erinnern von Träumen der menschliche Geist nach wie vor eine zentrale Stellung einnimmt. Erstere helfen nur, wenn das Interesse und der Wille genügend stark sind, Träume auch wirklich aufzuschreiben. Wenn man in der Nacht mit schlaffen Gliedern und beduseltem Kopf aufwacht und sich dabei denkt: „Ach ja, ich schreibe den Traum morgen früh auf!“, und sich darauf auf die andere Seite dreht, um weiter zu schlafen, dann kommt man nicht voran.

Traumerinnerungstypen

Bei dieser Gelegenheit möchte ich erwähnen, dass nicht alle Menschen von Natur aus schlechte Traumerinnerer sind, die sich bemühen müssen, ihre Träume zu erinnern. Es gibt Menschen, die erinnern sich natürlicherweise leicht an Träume. Es konnte beispielsweise wissenschaftlich nachgewiesen werden, dass Frauen ihre Träume leichter erinnern[25]. Dies steht wohl im Zusammenhang damit, dass sie einen leichteren Schlaf haben und öfters nachts aufwachen. Bei Menschen, die sich leicht an ihre Träume erinnern, kann die Gefahr bestehen, dass dies so selbstverständlich ist, dass sie ihnen zu wenig Aufmerksamkeit schenken und nicht aufschreiben. Die Niederschrift der Träume ist aber wichtig, um sie zu dokumentieren und mit ihnen zu arbeiten oder lange Zeit später auf sie zurückgreifen zu können.

Träume notieren

Erst durch die Niederschrift wird das innere Wissen vollständig in das äußere Wissen überführt, denn die Schrift ist „das“ Medium des äußeren Wissens und symbolisiert es auch. Meiner Meinung nach spielt die Schrift eine wesentliche Rolle in der Erschaffung des äußeren Bewusstseins[26], und es braucht die Niederschrift der Träume, um die Kluft zwischen dem inneren und dem äußeren Wissen zu überbrücken. Auch Leute, die Träume gut erinnern, vergessen diese meist im Laufe des Tages und sind nicht in der Lage zu sagen, was sie beispielsweise vor vier Tagen geträumt haben.

Nun stellt sich natürlich die Frage, wie man die Träume notieren soll. Ich habe vorerst sechs leere Bücher mit Träumen gefüllt und später auf einen kleinen Notebook-Computer umgestellt, der auf meinem Nachttisch bereit stand. Darin notierte ich den vollständigen Traum, so gut ich ihn erinnern konnte. Andere Leute machen sich stichwortartige Notizen auf einen Block und schreiben den Traum am folgenden Tag ins Traumjournal. Auch habe ich mit einem Diktiergerät experimentiert, das man im Dunkeln bedienen kann, weshalb man nicht ganz aufwachen muss. Die Transkription nachher ist aber aufwändig.

Auf dem Computer arbeitete ich mit der spezialisierten Traumjournal-Software „Alchera“[27]. Der Computer bietet den großen Vorteil, dass man leicht nach Träumen, Stichwörtern und Traumthemen suchen kann. Auch stört es den Partner nicht allzu fest, wenn man nachts zum Notebook greift, um einen Traum zu notieren. Heute verwende ich ein Android-Tablet mit einer Tastatur und einer der zahlreichen Tagebuch-Apps, die sich Diaro nennt. Es gibt zudem spezialisierte Traumjournal-Apps, mit denen man mit einer großen Träumergemeinschaft online verbunden ist. Zu erwähnen sind Dreamboard und DreamsCloud.

Außerdem stellt sich beim Notieren des Traumes die Frage des Lichts. Im Dunkeln geht es nicht, ich habe es versucht. Entweder man benutzt die Nachttischlampe mit einer schwachen Birne, oder dann gibt es auch Kugelschreiber, bei denen vorne ein kleines Licht eingebaut ist. Beim Laptop oder Tablet entfällt das Problem. Grundsätzlich finde ich, sollte man das Licht nicht unbedingt meiden, denn es erscheint mir gut, das Hirn etwas mehr zu wecken. Gelegentlich habe ich mir sogar beim Gang ins Bad kaltes

Wasser ins Gesicht gespritzt, um mich und meinen Geist zu beleben. Nach der Niederschrift des Traumes und nach dem Gang auf die Toilette schlafe ich bald wieder einmal ein und fühle mich morgens ausgeruht.

Die Wichtigkeit der Erinnerung

Ich hoffe, dass all diese Tipps, Erklärungen und Hinweise genügen, einen regelmäßigeren Zugang zu den eigenen Träumen zu finden. Ich muss gestehen, dass ich dieses Buch eigentlich vor allem darum schreibe, um Leute zu überzeugen, dass sie ernsthaft auf ihre Träume achten und diese erinnern und aufschreiben sollen. Mit der Traumerinnerung steht und fällt der Zugang zur Traumwelt und leider muss ich immer wieder feststellen, dass manche Leute, sogar Professionelle, daran scheitern, einfach, weil sie sich nicht überwinden können, ein mehr oder weniger regelmäßiges Traumtagebuch zu führen – und unsere Kultur unterstützt diese sehr, denn niemand fragt sie am Morgen: Was hast du geträumt?

Ich selber bin kein natürlicher Traumerinnerer. Wenn ich mich nicht willentlich darum bemühe, erinnere ich keine Träume und habe nur einen sehr flüchtigen Eindruck von ihnen, der sich mir gleich wieder entzieht. Als ich vor Jahrzehnten mit der Traumarbeit begann, musste ich drei Abende vor dem Einschlafen „Anlauf" nehmen, erst dann klappte es, mittels Suggestion ein kleines Bruchstück zu erinnern. Heute habe ich ein gewisses Training, und wenn ich in einer Nacht einen oder mehrere Träume erinnern will, so klappt das in der ersten Nacht. Wenn ich aber nicht will, dann erinnere ich auch nichts.

Seth spricht in der „Unbekannten Realität" vom Traumkünstler und vom Traumkunst-Wissenschaftler[28]. Wie ich erfahren habe, gibt es Menschen, die haben eine vermutlich genetisch bedingte Begabung zum Traumvirtuosen, welche die Grundlage für die Meisterschaft in der Traumkunst und der Traumkunst-Wissenschaft bildet. Doch was nützt diese Veranlagung, wenn sie nicht entdeckt wird? Sie springt einen nämlich nicht von selber an, man muss seine Aufmerksamkeit auf seine eigenen Träume richten, man muss sie erinnern und notieren, und plötzlich kann man erkennen, dass in diesem Bereich eine gewisse Leichtigkeit und eine Begabung besteht, auf der man aufbauen kann. Auch das Tennisgenie Roger Federer hätte sein Talent nicht entdeckt, wenn er nicht aktiv Tennis gespielt hätte – und er fing als Balljunge in Basel an.

KAPITEL 4

DAS TRÄUMENDE BEWUSSTSEIN

Normalerweise organisiert ihr eure Erfahrung nach zeitlichen Begriffen. Euer normaler Bewusstseinsstrom ist aber auch stark assoziativ. Bestimmte Ereignisse der Gegenwart erinnern euch an Vergangenes, und oft färbt die Erinnerung der Vergangenheit gegenwärtige Ereignisse.

Ihr erinnert euch der physischen Ereignisse in einer zeitlichen Reihenfolge, ob nun eine Assoziation besteht oder nicht; das Gegenwärtige folgt dem Vergangenen. Die Psyche jedoch arbeitet vor allem in assoziativen Vorgängen, da sie Ereignisse durch Assoziationen gestaltet. In diesem Rahmen hat die Zeit eine sehr geringe Bedeutung. Assoziationen werden sozusagen durch emotionale Erfahrungen miteinander verbunden. Die Emotionen bestimmen zu einem großen Ausmaß die Zeit.

—Seth, *Die Natur der Psyche*, Sitzung 759

Wenn wir beginnen, bewusst einige Träume zu erinnern, so kommt es öfters vor, dass sie wirr und bruchstückhaft erscheinen. Für unser waches Bewusstsein sind diese Fragmente schwer festzuhalten, denn wir sind durch Kultur und Schule auf ein Bewusstsein getrimmt, das sich an zeitlich linearen Abfolgen orientiert. Das zeigt sich unter anderem auch in unserer Sprache und in unserer Schrift, die aus linearen Abfolgen von Buchstaben,

Wörtern und Satzteilen besteht. Wie wollen wir aber einen Traum aufschreiben, der aus einer Wolke von verschiedenen Ereignissen besteht, die enger oder loser miteinander verknüpft sind? Um das Verständnis für diese andere Art von Bewusstseinsstruktur zu verbessern, möchte ich in diesem Kapitel einige verschiedene Sichtweisen präsentieren, denn es braucht neben der praktischen Übung auch Wissen, um mit dieser anderen Funktionsweise unseres Bewusstseins umgehen zu können.

Seth hat Jane und Rob früh eine einfache Übung vorgeschlagen, die er „psychologische Zeit"[29] nannte: Man entspannt sich bei geschlossenen Augen eine Weile und beobachtet, was geschieht. Während wir am Tag und mit offenen Augen meist durch unsere Sinne von der Außenwelt in Anspruch genommen werden und so auf sie fokussiert sind, sind wir in der psychologischen Zeit, aber auch beim Einschlafen, auf uns zurückgeworfen. Steven LaBerge, der große Klartraumpionier und Wissenschaftler, definiert träumen deshalb so: „Träumen ist Wahrnehmung, die nicht durch sensorischen Input begrenzt wird. Wahrnehmung ist Träumen, das durch sensorischen Input begrenzt wird."[30] Zudem nehmen in der Entspannung die Konzentration und damit auch das kritische Bewusstsein ab. Die Gedanken verlieren ihre lineare Zielgerichtetheit, beginnen zu mäandern und assoziativ von Thema zu Thema zu hüpfen, gelegentlich springt ein Bild oder eine Szene aus dem „Nichts" ins Bewusstsein. Doch häufig, sobald wir unsere zielgerichtete Aufmerksamkeit auf die Szene lenken, ist sie wieder weg. Ganz ähnlich ist unser Problem beim Erwachen aus einem Traum. Sobald wir unser fokussierendes Bewusstsein auf den Traum lenken, beginnt er sich aufzulösen. Denn diese beiden Bewusstseinsarten scheinen sich nicht gut zu vertragen und nur beschränkt kompatibel zu sein.

Enger und weiter Fokus

Seth hat in verschiedenen Zusammenhängen das Wort Fokus gebraucht, und es scheint mir in der Tat ein guter Begriff zu sein, um verschiedene Funktionsweisen des Bewusstseins zu beschreiben. Aus der Fotografie kennen wir das Weitwinkel- und das Teleobjektiv. Beim Weitwinkel ist der Ausschnitt groß, dementsprechend ist Vieles und Verschiedenes auf einem solchen Bild zu sehen, doch es mangelt an Detail. Mit dem Teleobjektiv wird dieser Mangel behoben. Details treten uns in aller Größe und Intensität entgegen, doch es mangelt am größeren Zusammenhang, in den das Detail eingebettet ist. So möchte ich die Unterscheidung zwischen engem und weitem Fokus benutzen, um das Bewusstsein des Tages und der Nacht zu beschreiben.

Während des Tages sind wir meist eher eng fokussiert, da unsere Sinne aktiv sind, welche unsere Aufmerksamkeit fast ausschließlich an sich ziehen. Gelegentlich öffnen und erweitern wir unseren Fokus etwas, wenn wir tagträumen (z.B. während des Autofahrens). Gelegentlich verengen wir ihn aber noch mehr, wenn wir uns ausschließlich auf etwas konzentrieren, indem wir beispielsweise lesen, studieren oder lernen. Die Konzentration und die Verengung des Fokus benötigt Anspannung und Beteiligung, während die Öffnung und Weitung des Fokus Entspannung und distanzierte Gelöstheit benötigt. Während wir in der Nacht träumen, sind wir recht entspannt, und unser Wahrnehmungsmodus ist weit, obwohl er auch in diesem Zustand variieren kann. Oft ist unser Bewusstsein dann nicht auf einen Handlungsstrang konzentriert. Manchmal hüpft es schnell von einem Ereignis zum anderen, manchmal ist es sich einfach gleichzeitig verschiedener Ereignisse gewahr.

Aber dann, wenn wir erwachen, kommt das Problem:

Unser Bewusstsein beginnt sich zu verengen. Zuerst mögen wir immer noch der verschiedenen Ereignisse gewahr sein. Aber wenn wir diese mit unserem erwachenden und enger werdenden und konzentrierteren Bewusstsein erfassen wollen, beginnt sich die Tür zu den Träumen gleichzeitig zu schließen, denn dieser Versuch, den Traum zu erfassen, ist mit einer Verengung des Fokus, mit Anspannung und mit Konzentration verbunden. Wir müssen die multiplen Ereignisse in eine lineare Erzählung bringen. Dabei schlagen wir uns mit Fragen wie dieser herum: Was kommt zuerst, was dann und was am Schluss? Oder wir werden mit dem Problem konfrontiert, dass die Träume oder Traumteile scheinbar überhaupt nicht zusammenpassen. Dabei mögen wir uns entscheiden, einen Traumteil niederzuschreiben und andere zu vernachlässigen, weil wir die verschiedenen Teile gewichten und uns entscheiden, „unwichtige“ Teile zu ignorieren.

Da unsere Kultur das lineare, zielführende und logische Denken stark gefördert hat, tendieren viele Leute dazu, Träume als unwichtig abzustempeln, weil sie diese aus der Perspektive ihres eng fokussierten Tagesbewusstseins als fragmentiert, konfus und sinnlos be- oder verurteilen. Wie wir gesehen haben, verstieg sich sogar ein Traumforscher, nämlich Allan Hobson, darin, deshalb die Struktur des träumenden Bewusstseins als zufällig und den Traum als Abgas des schlafenden und unzureichend funktionierenden Gehirns zu bezeichnen[31].

Auch ich, als geübter Traumerinnerer, habe das Problem mit dieser anderen Art von Bewusstsein, doch gelegentlich gelingt es mir, verschiedene Traumfragmente, trotz fehlender linearer Abfolge, oder gar gleichzeitige Träume zu erfassen und niederzuschreiben. Manchmal bin ich mir des assoziativen Zusammenhangs der parallelen Träume beim Aufschreiben bewusst, manchmal finde ich den Zusammenhang erst im Nachhinein, wenn ich die verschiedenen Traumteile genauer betrachte. Andererseits habe ich gelegentlich „lineare“ Träume, die eine „bessere“ Dramaturgie aufweisen und eine ganze Geschichte erzählen. Dabei ertappe ich mich, der ich ein Kind unserer Kultur bin, solche Träume als „gute“ Träume einzustufen, weil ich sie mit meinem wachen Bewusstsein leichter erfassen kann. Manchmal habe ich luzide Träume, und die gehören gewöhnlich zu den „guten“ Träumen, weil in ihnen das fokussierte Tagesbewusstsein stärker präsent ist und sie aus einem „kohärenten“ Handlungsstrang bestehen, auch wenn darin gelegentlich seltsame oder auf den ersten Blick beziehungslose Elemente auftauchen.

Assoziationen

Wie aber funktioniert das Bewusstsein in diesem weiten Fokus? „Assoziativ“ ist hier das richtige Stichwort. Bei der Assoziation verfolgen wir nicht absichtlich ein Ziel, sondern lassen uns von Ähnlichkeiten anziehen. Das können ähnliche Eigenschaften in Farbe, Form oder Funktion sein. Das können aber auch Gefühle sein, welche mit Ereignissen zusammenhängen, oder generelle Themen, die sich in sehr unterschiedlichen Ereignissen ausdrücken können. So weit so gut. Assoziative Verbindungen können aber auch durch Kontrast entstehen. Zu Rot fällt einem schnell einmal Grün ein. Weiter können solche Verknüpfungen durch zeitliche oder räumliche Übereinstimmung entstehen, auch wenn es inhaltlich keinen erkennbaren Zusammenhang gibt.

Berühmt ist in diesem Zusammenhang der Pawlowsche Hund, der jedes Mal, wenn ihm ein Fressnapf vorgesetzt wurde, gleichzeitig einen Glockenton zu hören bekam. Wegen dem Fressnapf vor Augen entwickelte das Tier Speichel im Mund, welcher gemessen wurde. Mit der Zeit konnte man aber den Fressnapf weglassen und nur die Glocke ertönen lassen, worauf das gute Tier aufgrund des Glockenklangs Speichel produzierte. In seinem Kopf war eine Assoziation von zwei Dingen entstanden, die eigentlich nichts miteinander zu tun haben, in seiner Erfahrung aber sind Fressnapf und Glocke eng miteinander verknüpft worden. Wird das einige Male so wiederholt, so beginnt sich diese Verknüpfung zu lockern, denn sie ist nicht zielführend. Der Hund bildet die neue Erfahrung, dass es beim Glockenton kein Fressen gibt, weshalb er mit der Zeit keinen Speichel mehr produziert. Latent bleibt diese Verknüpfung jedoch bestehen und kann schneller wieder reaktiviert werden.

Wir funktionieren auf ganz ähnliche Weise. Wenn wir wiederholt die Erfahrung gemacht haben, dass die Arbeit mühsam ist, so entsteht eine assoziative Verknüpfung zwischen Arbeit und Mühsal. Arbeit ist aber auch Verbunden mit ihrem Gegenteil: Freizeit. Die Arbeit mag in einem Raum stattfinden, der nach Kunststoff riecht, so bildet sich auch hier eine Assoziation. An der Arbeit hat eine Arbeitskollegin eine Geschichte erzählt, die mit Kartoffelsalat zusammenhängt. Auch dies wird miteinander verknüpft. Diese Kollegin ist verheiratet, ihr Mann ist ein bekannter Politiker, Politik interessiert Sie nicht sonderlich, denn Ihr Interesse liegt bei Träumen, Sie wollten doch noch ein Buch über Träume kaufen, Bananen sind heute im Angebot, wie viel hat wohl der Bauer für die Banane gekriegt, Ihr Großvater war Bauer, die Arbeit im Freien war schon ganz anders als die Arbeit im Büro usw. Wie in diesem Beispiel werden in uns solche Verknüpfungen laufend erschaffen, sei es halbbewusst in Form von Tagträumen, wenn wir entspannt sind, oder gänzlich unbewusst, wenn wir unsere Aufmerksamkeit gezielt auf etwas konzentrieren. Es entsteht ein riesiges Netzwerk, über das man schnell den Überblick verliert. Auch unser Gedächtnis funktioniert so, und es wird erst brauchbar, weil jedes Ereignis kreuz und quer verknüpft ist. So besteht die Gewähr, dass eine Erinnerung schnell gefunden wird. Wenn das Gedächtnis linear organisiert wäre, müsste man immer die ganze unendliche Reihe abspulen, um eine Erinnerung zu finden, was völlig ineffizient wäre.

Bei Träumen spielen diese assoziativen Muster eine ganz wesentliche Rolle. Der chronologische Zeitablauf hingegen ist sekundär. Zu jedem (Traum-)Ereignis wird assoziativ eine Vergangenheit und eine mögliche Zukunft hinzugefügt. Die Zeit ist eher ein Attribut eines Ereignisses, wie beispielsweise dessen begleitende Farben, Gefühle oder dessen Energie. Die Zeit gibt dem Ereignis Tiefe. Tritt aber ein unvorhergesehenes neues Ereignis ein, so ändert sich dementsprechend assoziativ auch die unmittelbare dazu passende Vergangenheit und die mögliche Zukunft. Häufig mögen wir so beispielsweise erwachen und uns an einige Ereignisse erinnern, aber beim besten Willen können wir nicht festhalten, wo die Handlung begann, wie sie weiterging und wie sie endete. Es ist nicht klar, was vorher war und was nachher. Manchmal haben wir den Eindruck, dass Dinge gleichzeitig oder parallel geschehen sind, obwohl uns das als unmöglich erscheint. Einmal träumte mir, dass ich inmitten eines Meers von Träumen sitze, rings um mich lauter Träume, wie die unzähligen Sterne am klaren Nachthimmel. In all diesen Träumen passierte etwas, und je nach dem, auf welchen Traum ich meine Aufmerksamkeit wie mit einem Teleskop richtete, erlebte ich etwas anderes. Das halte ich für ein ausgezeichnetes Bild von dem, was in unserer Seele geschieht. Manchmal mögen wir den Eindruck haben, dass unsere Seele mit dem Teleskop von einem Thema zum andern hüpft und keines länger verfolgt. So entsteht ein Erinnerungsdurcheinander, das für unser Wachbewusstsein schwer zu ordnen ist.

In diesem Zusammenhang kann ich dem Träumer nur raten, die „sinnlosen“ Traumbruchstücke lose hintereinander aufzuschreiben, obwohl er weiß, dass diese nicht nacheinander stattgefunden haben. Die lineare Schrift ist kein adäquates Mittel, um solche Träume festzuhalten, aber wir haben nichts anderes. Wir sind gezwungen, Dinge in einen linearen Ablauf zu bringen, von denen wir wissen, dass sie vermutlich so nicht stattgefunden haben. Am besten ist es, sich der Konfusion zu ergeben, nicht zu werten und einfach aufzuschreiben, was erinnert werden kann, sei es nun logisch oder nicht. Im Nachhinein kann man dann in Ruhe studieren, wo und wie der Zusammenhang dieser Fragmente sein könnte. Dabei können einem einige Lichter aufgehen.

Primärprozess, Sekundärprozess

Schon Freud[32] hatte diese unterschiedlichen Funktionsweisen des Bewusstseins erkannt. Das lineare, ausschließende, logische und zielgerichtete Denken nannte er Sekundärprozess, das assoziative, verbindende Denken aber Primärprozess, denn er hatte erkannt, dass dies wohl der ursprüngliche Zustand des Bewusstseins sein musste, auf dem das später erworbene, selektive und diskriminierende Bewusstsein aufsetzt und aufbaut, das für das lineare, logische und zielführende Denken notwendig ist. Auch beim Deuten der Träume spielt die assoziative Verknüpfung, wie wir später noch sehen werden, eine wichtige Rolle. So besehen ist die Traumdeutung eine Fortsetzung der assoziativen Traumtätigkeit. Wir spinnen den Traum mit der Deutung einfach etwas weiter. Das (Traum-)Symbol seinerseits besteht aus assoziativen Bedeutungsverknüpfungen. Es steht sowohl für sich selber als auch für andere Dinge, auf die es verweist.

Exponenten der Wissenschaft ziehen mehr und mehr in Erwägung, dass Träume gerade wegen ihrer Netz- und Gewebestruktur wesentlich sind für die psychische Verarbeitung und Integration von Erfahrungen, sowie für die vernetzte Ablage im Gedächtnis[33]. Schon lange aber ist diese Ordnungsstruktur der Träume bekannt. Früher hatte man deshalb von den Traumweberinnen gesprochen, welche den Traumteppich weben, oder auch die Spinne mit ihrem Netz wurde als Symbol für diesen Sachverhalt verwendet.

Beispiele

Hier ein paar illustrative Beispiele aus meinem Traumjournal: Doppeltraum: Ich träumte gleichzeitig davon, dass ich in einer Kirche an einer Hochzeit, sowie in einer Schule sei. Ich saß zuhinterst in der Kirche, erhöht auf der Empore, und war nicht recht am Geschehen interessiert. Ich war von meiner Schwester mitgenommen worden, die das Hochzeitspaar kannte. Außerdem war ich in einer Schule und dozierte vor einem Auditorium über ein Thema. Danach wurde ich vom Schulleiter kritisiert, ich hätte beim Vortrag leichte Nebengeräusche gemacht, die ihn gestört hätten.

Beim Erwachen wusste ich zuerst gar nicht, worum es hier ging, um eine Hochzeit oder eine Schule (diskriminativer Prozess), bis ich realisierte, es ging um eine Hochzeit und eine Schule (assoziativer Prozess). Das Bindeglied war der große Raum mit den teilnehmenden Leuten.

„Konfuser“ Traum: Im Traum ging es um meinen Beruf als Psychotherapeut, aber auch um Arbeit in einem

Zentrum für Asylbewerber. Der Ort war zu Hause, aber auch auf der Lenzerheide im Ferienhaus. Es war Winter, aber auch Sommer. Hinter dem Haus, in dem ich wohnte, aber in dem auch gleichzeitig die Praxis meines Arbeitgebers war, wollte ich in einem Provisorium eine eigene Praxis eröffnen. Ich überlegte mir schon, wie ich sie einrichten wollte, mit Couch und Stühlen. Sie würde einfach werden. Ich lief von dem Provisorium, einer Baracke, weg, die in einem blühenden Garten war, und ging über ein Gleis, das auch ein Skilift war. Der Bahnübergang hatte seltsame Barrieren, die aus quirlenden Propellern bestanden. Dann sah ich, wie ein kleiner Schneepflug, der auf unserem Gelände den Schnee auf die Straße räumte, mit einem großen Schneepflug zusammenrasselte. Beide Fahrer merkten, dass es nicht mehr weiterging und stoppten ihre Gefährte. Zwischen ihnen lag eine Mauer von gepflügtem Schnee. Ich ging zurück und traf unterwegs einen Arbeitskollegen, der davon sprach, dass wohl das Zentrum für Asylbewerber vergrößert würde. Er hätte das schon immer gedacht, bei dem großen Umschwung, der vorhanden sei. Es wurde schließlich aber nicht vergrößert, weil man sah, dass es doppelt so viel Personal brauchte, also keine Ersparnis brachte, und große Heime psychologisch eher ungünstig waren.

Ja, worum geht es hier eigentlich? Beim Aufschreiben des Traumes wunderte ich mich bloß und hatte Mühe, ihn zu erfassen. Später, beim freien Assoziieren, dämmerten mir dann doch ein paar Zusammenhänge und Bedeutsamkeiten.

Traumfragmente: Ich fuhr in einer lokalen Bahn im letzten Wagen. Durch die Wagen liefen oben und in der Mitte zwei Schnüre. An der einen konnte man klingeln, wenn der Zug anhalten sollte, an der anderen wurde die Notbremse ausgelöst. Ich fand es seltsam, dass beide Systeme gleich aussahen, so konnte man sie leicht verwechseln.

Ich war in einer Stadt und wollte in ein Geschäft. Ich wollte in den oberen Stock und musste deshalb von außen eine lange Strickleiter hochklettern, die schräg vor dem Geschäft aufgespannt war. Oben hatte es nicht mal mehr Sprossen, und man musste sich an den beiden Seitenleinen hoch hangeln. Ich erreichte knapp das Fenster, wo die Seile endeten, und klopfte. Jemand vom Personal öffnete und half mir, durch das Fenster einzusteigen.

Diese beiden, auf den ersten Blick unzusammenhängenden Traumfragmente erinnerte ich beide zur gleichen Zeit. Erst später realisierte ich, dass in beiden Fragmenten zwei parallele Seile, aber in einem völlig anderen Zusammenhang vorkommen. Bei beiden Fragmenten ist zudem ein gewisses Element der Gefahr präsent. Also auch da gab es assoziative Verbindungen.

Ich empfehle dem Träumer wärmstens, sich auch mit diesen konfusen, wirren, unzusammenhängenden und schwer verständlichen Träumen auseinanderzusetzen und nicht nur mit den gut komponierten, welche eine verständliche Dramaturgie aufweisen, denn damit baut er eine Brücke zum Bewusstsein fernab des Tages. Er schult sein Wachbewusstsein, auf eine ungewohnte Weise zu funktionieren und sich dem assoziativen Bewusstsein anzunähern. Damit überbrückt er eine Kluft, die von unserer rationalistischen Kultur mit Vehemenz erschaffen wurde, wie ich in meinem Buch „Träume erinnern“[34] gezeigt habe. Und es gilt, diese mit einem „integralen“ Bewusstsein zu verbinden, wie es Jean Gebser[35] (dessen Werk „Ursprung und Gegenwart“[36] ich empfehle) und später Ken Wilber[37] beschrieben haben. Übrigens habe ich die Erfahrung gemacht, dass mit der Übung der Traumerinnerung auch die Fragmentierung der Träume eher abnimmt. Je mehr das zumindest teilweise fokussierte Bewusstsein an der Traumkreation beteiligt ist, je mehr entspricht der Traum dem, wie wir es vom Wachleben kennen. Mit der bewussten Erinnerung der Träume wird ein hybrider Bewusstseinszustand erschaffen, der sowohl träumerisch ist als auch wach, der weit ist als auch eng, der assoziativ ist, doch auch eine gewisse lineare Logik aufweist. Der luzide Traum, den wir später behandeln werden, ist ein solch hybrider Bewusstseinszustand, aber auch das, was ich anderswo als Traumgedanke[38] bezeichnet habe, ist dazu zu zählen.

Die assoziative Komplexität und der träumerische Freiraum

Wenn wir uns trainieren, die assoziative Komplexität des Traumbewusstseins besser zu erfassen, so erhalten wir einen Geschmack von der geräumigen Gegenwart, wie sie Seth in Jane Roberts' Büchern beschrieben hat. Auch wird es uns leichter fallen, diese Bücher zu verstehen, die teilweise nach assoziativen Kriterien geordnet sind, was dem Leser gelegentlich gar intuitiv und sprunghaft erscheinen mag.

Wenn wir schon bei Büchern von Jane Roberts sind, so möchte ich dem Träumer „Die Natur der Psyche"[39] nahe legen. In diesem Buch, aus dem das einleitende Zitat stammt, beschreibt Seth die assoziative Komplexität und geht zudem auf ein Thema ein, das wichtig ist, das ich hier aber nicht behandle – die Sexualität, wie sie in den Träumen aufscheint. Wir träumen nämlich nicht immer von sozial akzeptierter Sexualität und vom Ehepartner. Das mag den einen oder anderen Träumer gelegentlich etwas verunsichern, gehört aber zum weiten Freiraum, in dem der Traum stattfindet. Dieser Freiraum ist unbegrenzt. Er wird weder durch einen engen Fokus und damit einem diskriminierenden Bewusstsein noch durch Logik begrenzt.

Auch physikalische Gesetze und gesellschaftliche Gepflogenheiten und Normen sind im Traumbewusstsein nicht zwingend. Das ist für das konditionierte Tagesbewusstsein gewöhnungsbedürftig, das sich den Zwängen des täglichen Lebens ergeben hat.

Diesen extremen, unkonditionierten Freiraum im Traum bewusst zu erkennen, gehört zu meinen größten Ekstasen, die ich in luziden Flugträumen erlebt habe. Das klare Licht des weiten, offenen Bewusstseins und dessen leuchtende Farben und die pulsierende Lebendigkeit sind überwältigend – nicht von dieser Welt! Diese Erfahrung hat mich im Nachhinein an Platos Höhlengleichnis[40] erinnert: Solange man in der Höhle gefangen ist und die flackernden Schatten schaut, meint man, das sei die einzig mögliche Welt. Wenn man aber in der Lage ist, die Höhle zu verlassen, erfährt man den Sonnenschein und die Weite der Welt. Das Problem entsteht erst, wenn man zurückkehrt und den Leuten in der Höhle erklären will, was man erlebt hat. Dies löst bei den einen Erstaunen aus, bei anderen aber Unglauben und Ablehnung. Rationalistische Erklärungen werden schnell herbeigezogen, um sich nicht verunsichern zu lassen. Was ich hier jedoch sagen kann, ist, dass es möglich ist, durch Traumarbeit die Höhle des konditionierten Bewusstseins zumindest zeitweise zu verlassen. An die offene Weite muss man sich allerdings erst gewöhnen, denn sie ist verwirrend. Sie kann beängstigend oder gar beschämend sein, weil sie soziale Tabus verletzt. Gelegentlich wird man aber mit einer Erfahrung belohnt, die man nie wieder vergessen wird.

KAPITEL 5

DIE ERFASSUNG DES TRAUMES

Diese Traumwelt hat ihre eigene Realität, ihre eigene Zeit, die sich von eurem Zeitkonzept unterscheidet, und sie hat ihre eigene innere Organisation. So, wie sich die Wesenheit nur noch zum Teil mit ihren Persönlichkeiten auseinandersetzt, nachdem sie sie einmal in Gang gesetzt hat, so beschäftigt ihr euch nicht mit dieser Traumwelt, die ihr in Gang gebracht habt. Aber sie existiert. Bis zu einem gewissen Grad ist sie angefüllt mit bewussten Halbpersönlichkeiten. Ich nenne sie nur deshalb Halbpersönlichkeiten, um deutlich zu machen, dass sie nicht so entwickelt sind wie ihr es seid, und zwar in dem Maß, wie ihr nicht so entwickelt seid wie eure Wesenheit es ist. Trotzdem erfährt auch diese Traumwelt Kontinuität.

—Seth, *Die frühen Sitzungen*, Bd. 1, Sitzung 28

Das Gefühl der Unwirklichkeit wird nicht gespürt, wenn der Träumende am Traumerlebnis teilnimmt. Zu diesem Zeitpunkt fühlt sich das Erlebnis völlig real an, und tatsächlich sind einige Träume auch viel lebendiger als Erlebnisse im Wachsein. Nur wenn die Persönlichkeit aus dem Traumerlebnis oder dem Traumuniversum heraustritt, mag das Erlebnis im Nachhinein als unwirklich erscheinen. Denn nun liegt der Fokus der Aufmerksamkeit und Energie im physischen Universum. Realität ist daher ein Ergebnis des Fokussierens von Energie und Aufmerksamkeit.

—Seth, *Die frühen Sitzungen*, Bd. 4, Sitzung 149

Wir haben im letzten Kapitel die Funktionsweise des träumenden Bewusstseins erörtert, und nun geht es bei der Erfassung des Traumes als erstes darum festzustellen, was für eine Qualität der erinnerte Traum hat. Erzählt er eine kontinuierliche Geschichte oder handelt es sich bloß um ein Fragment, ein Puzzleteil? Ist der Traumverlauf logisch, oder treten Wendungen und Ereignisse ein, die unerwartet sind? Wenn ja, welche? Erinnern wir uns zugleich an mehrere Träume oder Traumfragmente? Was ist an diesem erinnerten Erlebnis besonders „traumhaft“? Was kann so nur in einem Traum geschehen? Ist eine Traumszene realistisch, verfremdet oder gar bizarr?

Wenn man sich diese Fragen stellt, so drängt sich, wie gesagt, der Vergleich mit dem wachen Erleben auf. Wie funktioniert eigentlich unser waches Bewusstsein? Im Vergleich mit dem Traumbewusstsein kann diese Frage mit der Zeit und mit zunehmender Erfahrung beantwortet werden, denn durch die Unterschiede können überhaupt Eigenschaften des Bewusstseinszustandes erkannt werden. Gibt es keine Vergleichsmöglichkeiten, so ist es äußerst schwierig, seinen eigenen Bewusstseinszustand einzuschätzen.

Bewusstseinszustände

Auch am Tag gibt es erhebliche Schwankungen. So ist es sinnvoll, sich zu fragen, in was für einem Zustand man selber in verschiedenen Zusammenhängen ist, zum Beispiel während der Autofahrt, in der Stadt und auf der Autobahn; am Computer während man einen Text schreibt, wenn man Einzahlungen macht, oder beim Surfen; beim Erledigen der Haushaltsarbeit, der Gartenarbeit oder während der Lohnarbeit; wenn man alleine ist oder im Gespräch mit dem Ehepartner, mit dem Chef oder mit der Mutter. Alle diese Fragen führen nicht unbedingt zu Antworten, sondern zur Selbstbeobachtung. Es lohnt sich also, immer wieder einmal über seinen eigenen Bewusstseinszustand zu reflektieren, aber ohne Kritik, einfach den dynamischen Wechsel zu beobachten. Folgende Faktoren haben einen Einfluss auf unser Bewusstsein: Konzentrations- und Spannungsgrad (weiter oder enger Fokus; lineares oder assoziatives Denken); die Stärke der emotionalen Beteiligung, sowie die Färbung durch unterschiedliche Emotionen (beispielsweise die „rosa“ bzw. die „schwarze Brille“).

So gilt es also, den Zustand des eigenen Bewusstseins im Traum, im Wachen, aber auch in den Zwischenzuständen zu erforschen, die beim Einschlafen, aber auch beim Aufwachen auftreten, um Erfahrungen zu sammeln. Man kann so „zuschauen“, wie sich der eine Zustand in den anderen verwandelt. Dazu braucht es allerdings etwas Übung und vor allem eine gewisse entspannte Aufmerksamkeit. Die Kenntnis, wie sich der Traum vom Wachzustand unterscheidet, spielt später, wenn wir das Thema der luziden Träume besprechen, eine wichtige Rolle.

Das Traumthema

Nachdem wir nun den spezifischen Bewusstseinszustand eines erinnerten Traumes angeschaut haben, wollen wir uns fragen, worum es im Traum überhaupt geht? Was für ein Thema wird angeschnitten? Geht es um eine Beziehung zu einem anderen Menschen, oder geht es um die Arbeit? Ist es ein Krimi, eine Science-Fiction-Szene oder eine aus dem Alltag. Steht der eigene Körper mit seinen Funktionen im Vordergrund oder ein Gegenstand, beispielsweise ein Auto?

Ich habe es mir zur Gewohnheit gemacht, meine Träume in verschiedene Themenkreise zu unterteilen. Dabei kann ein Traum auch mehreren Themen zugeordnet werden. Mit dem Computer geht das einfach, indem man jedem Traum ein Stichwort oder „tag“ zuweist. Aber auch beim handgeschriebenen Traumjournal kann man neben dem Titel ein paar Stichworte hinschreiben, die charakterisieren, worum es im Traum geht. Auch der Traumtitel soll illustrativ und repräsentativ für den ganzen Traum sein und sollte zu jedem Traum hinzugefügt werden.

Doch zurück zu den Traumthemen. Ich möchte hier eine Liste für mögliche Traumthemen als Inspiration anfügen, die vom Leser ergänzt oder abgeändert werden kann.

- Herkunftsfamilie / Mutter / Vater / Geschwister
- Eigene Familie / Lebenspartner / Kinder
- Beziehung zu Freunden und Bekannten
- Beziehung zu Fremden
- Sex und Erotik
- Körper und seine Funktionen (Gesundheit, Pflege, Bekleidung, essen, ausscheiden)
- Tiere
- Beruf
- Schule / Ausbildung
- Hobbies / Freizeit
- Maschinen / Technik
- Unterwegs sein (zu Fuß, Auto, Zug, Flugzeug usw.) / Ferien
- Krimi / Verfolgung / Bedrohung / Diebstahl
- Science Fiction / Außerirdische / Märchen

Dann kommt eine wichtige Frage: Gibt es Traumthemen, die in verschiedenem Gewande gehäuft auftreten? Dabei geht es hier nicht unbedingt darum, ob man immer wieder von seinem Lebenspartner oder seinen Eltern träumt – natürlich tut man das – sondern wie sich die Beziehung im Traum gestaltet. Treten immer wieder die gleichen Konflikte auf, dieselben Frustrationen? Verpasst der Träumer immer wieder einmal den Zug? Fällt er mit Variationen immer wieder durch die Prüfung oder wird er von einer Autoritätsperson immer wieder ungerechtfertigt getadelt oder sonst disqualifiziert? Treten Fallträume gehäuft auf, oder Katastrophenträume? Wird der Träumer häufig überwältigt oder fühlt er sich häufig hilflos? Wie wir sehen, sind das alles negative Traumthemen. Natürlich gibt es auch positive und neutrale Traumthemen, die sich wiederholen, doch die negativen fallen besonders auf, weil wir eigentlich möchten, dass sie nicht mehr auftreten.

Die Gefühlstönung des Traumes

Eine weitere allgemeine Frage, die sich bei einem Traum stellt, ist die Gefühlstönung, die er zum Ausdruck bringt. Ein Traum kann eine allgemeine Gefühlstönung aufweisen. Gefühle können aber auch vom Traum-Ich, von anderen Traumpersonen, durch Traumszenerien oder Traumthemen zum Ausdruck gebracht werden. Manchmal kommt es vor, dass im Traum kaum gefühlte Gefühle auftreten, dass der Traum aber ein bestimmtes Gefühl „kontextualisiert". Dies ist ein Ausdruck, den Ernest Hartmann[41] geprägt hat. Ihm ist aufgefallen, wie gewisse Gefühlstönungen bestimmte Traumbilder erzeugen. So erzeugt Angst beispielsweise ein Ungeheuer, das einen verfolgt, oder eine Feuersbrunst, von der man bedroht wird usw. Freude und Freiheit kann sich in einer lichten, weiten Landschaft oder gar in einem Flugtraum ausdrücken. So kann es vorkommen, dass sich das Traum-Ich recht emotionslos in einer tristen Szenerie befindet; es empfindet direkt nicht viel, doch im Nachhinein fällt es dem erwachten Träumer auf, dass der Traum eigentlich eine recht traurige oder hoffnungslose Gefühlsqualität hat.

Im Traum drücken sich Gefühle also nicht unbedingt als Gefühl aus, sondern werden in der Traumszenerie kontextualisiert. Man kann auch sagen, dass der Traum Gefühle in Bildern und Szenen inszeniert. Der grundlegende Gefühlstonus hat zudem einen Einfluss auf den Verlauf der Traumgeschichte. Hoffnungslosigkeit führt zu einer für das Traum-Ich ungünstigen Entwicklung des Traumes. Zuversicht führt zu glücklicheren Wendungen.

Wenn wir uns nicht besonders um Träume kümmern, erhalten wir einen verzerrten Eindruck von der Gefühlsqualität der Träume, da wir insbesondere Träume erinnern, nach denen wir aufgewacht sind. Das sind aber häufig negative Träume. Dies kann den Träumer abschrecken, sich vertieft mit seinen eigenen Träumen zu befassen. Um ein genaueres Bild zu erhalten, was für Gefühlsqualitäten meine Träume aufweisen, habe ich im Jahre 2006 eine Weile lang in meinem elektronischen Traumjournal die Träume mit der vorherrschenden Gefühlsqualität gekennzeichnet. Die folgende Statistik fußt auf 88 Träumen:

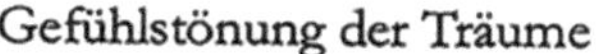

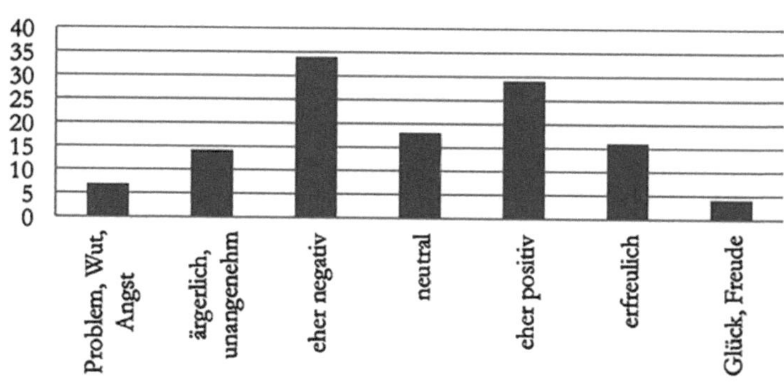

Daraus wird ersichtlich, dass die Gefühlsqualität dieser Träume insgesamt recht ausgewogen ist und dass generell eher moderate Gefühlstönungen auftreten. Sehr glückliche und sehr problematische Träume sind seltener. Nun muss ich aber sagen, dass ich diese kleine Statistik in meinem 52. Lebensjahr gemacht habe. Wissenschaftlich konnte nachgewiesen werden, dass Angst und negative Gefühlstönungen im Traum im Laufe der Lebensjahrzehnte[42] abnehmen. Kinder beispielsweise haben bekannter Weise häufiger Angstträume. Erwachsene haben häufig (nicht immer) eher diskrete Gefühlstönungen. Das heißt, man soll auch diskrete Gefühle im Traum erkennen und beachten, denn wie wir später im Kapitel des Traum-Ichs sehen, haben auch diese einen Einfluss auf den Verlauf und das Geschehen des Traumes.

Der Traum als Welt

Hier möchte ich eine kurze Diskussion einfügen, die mir in diesem Zusammenhang wichtig erscheint. Wir sind uns gewohnt, den Traum als eine Art Bildsprache zu verstehen, mit einem Subjekt, mit Objekten und mit Attributen. Dabei geht vergessen, dass das Traum-Ich während des Traumes in einer richtigen Welt existiert, einer Welt, die für das Traum-Ich absolut real existiert und in der es handelt wie in der wachen Welt. Erst der Aufwachprozess nach dem Traum lässt die Traumwelt „untergehen“ und zu einer blassen Erinnerung werden. Dabei geht die Erfahrung verloren, dass der Traum in einer Welt stattfindet und vom Träumer keineswegs als Metapher und Symbol erfahren wird. Erst der wache Mensch versteht den Traum als Symbol, und dies vor allem deshalb, weil in unserer Kulturgeschichte die Traumdeutung eine hervorragende Rolle gespielt hat. Auch hier spielt also unsere kulturelle Prägung eine dominante Rolle. Viele Urvölker, die wir primitiv nennen, und viele mystische Schulen auf der ganzen Welt haben diesbezüglich einen anderen Zugang zum Traum und verstehen diesen als eigenständige Welt. Diesen Zusammenhang hat der Philosoph Detlev von Uslar[43] schon früh erkannt und immer wieder darauf verwiesen, dass der Traum vor jeglicher Interpretation eine Welt ist. Für den luziden Träumer wird dieser Sachverhalt sehr evident, denn er erkennt, dass die Traumwelt so real ist wie die wache Welt. Kein Kino, kein Theater und kein Computerspiel ist so real wie die Traumwelt[44]. Diese Erkenntnis kann ihn mit einer solchen emotionalen Wucht treffen, dass er überglücklich aufwacht, oder sie kann ihn dazu verleiten, dass er meint, in der wachen Welt zu sein, was dazu führt, dass er ganz unluzide und selbstvergessen weiterträumt.

Auch das langfristige Führen eines Traumjournals kann dem Trauminteressierten helfen vom tief eingegrabenen Automatismus Abstand zu nehmen, Träume zu deuten, und dies aus einem simplen Grund: Es sammeln sich zu viele Träume an, um alle zu deuten. Es wäre viel zu zeitaufwändig. Schon die gewissenhafte Niederschrift benötigt etwas Zeit. Dieser Umstand führt dazu, dass man nicht mehr automatisch fragt, „was bedeutet das“, was uns nämlich vom Traum weg zu einer Interpretation und zu unserem Wachleben führt. Die Aufmerksamkeit öffnet sich in der Folge immer mehr für das Traumgeschehen an sich. Wovon träumen wir? Wie träumen wir? Was für typische Traumabläufe kenne ich? Was für Gefühle drückt der Traum aus? Das sind Fragen, die nahe beim Traum bleiben und ihn in seiner Tiefe erfassen.

So wollen wir nun genauer hinsehen, wie denn diese Traumwelt aussieht, ohne dass wir uns gleich fragen, was diese bedeuten möge. Denn die Frage nach der Bedeutung verhindert, dass wir den Traum als eigene Welt anerkennen und sie einfach einmal so nehmen wie sie ist und wie wir sie erleben. Die reflexartige Frage nach der Bedeutung verhindert auch, dass wir uns andere Fragen stellen – Fragen über die Natur des Traumes.

Die Traumorte

Daher lautet die nächste Frage, an welchem Ort der Traum statt findet. Draußen oder drinnen? In der eigenen Wohnung, auf der Straße, im Dorf, in der Stadt? In dieser Welt oder in einer anderen Welt?

In meinen Träumen konnte ich beispielsweise feststellen, dass ich viel unterwegs bin, häufig auf der Straße, zu Fuß oder im Auto[45], manchmal auch mit dem Flugzeug oder gar mit dem Raumschiff. Wie Calvin Hall und Robert van De Castle[46] feststellen konnten, ist dies eher ein männliches Thema, denn Männer sind eher draußen und auf der Straße, Frauen aber eher drinnen und zu Hause. Diese Statistik wurde allerdings vor einigen Jahrzehnten gemacht, als die Rollenverteilung noch eindeutiger festgelegt war. Heute sind die Frauen häufiger berufstätig; so mögen auch sie im Traum weniger daheim sein.

Hier möchte ich noch ein Thema anschneiden, das in diesen Zusammenhang gehört. Als gebürtiger Zürcher, der Zeit seines Lebens meist in und um Zürich gelebt hat, träume ich gelegentlich von der Stadt Zürich. Das heißt, ich meine im Traum, ich sei in Zürich und bin davon überzeugt. Beim Erwachen muss ich aber immer wieder feststellen, dass der Ort überhaupt nicht in Zürich ist, dass er bloß eine gewisse Ähnlichkeit mit Orten in Zürich aufweist, die aber nicht ausgeprägt ist. Ich interpretiere also im Traum eine städtische Umgebung als die Stadt Zürich, einfach, weil diese für mich die vertrauteste Stadt ist und es für mich deshalb am naheliegendsten ist, eine Traumstadt als die Stadt Zürich zu interpretieren. Das ist eine wichtige Erkenntnis. Wir erleben im Traum nicht unmittelbar das, was ist, sondern das, was wir darin erkennen, was häufig eine Interpretation ist. Dieses Phänomen kennen wir auch aus dem Alltag. Unsere Wahrnehmung ist nicht objektiv, sondern wird durch unsere Sozialisation, unsere Erfahrungen und durch unsere Individualität geprägt. Dies ist im Traum noch viel stärker, da die Traumwirklichkeit durch die Wahrnehmung erschaffen wird. Der Traum ist viel flexibler und formbarer als die wache Realität, und so ist halt eine Stadt die Stadt Zürich, einfach weil ich sie dafür halte. Das gilt auch für die Wohnung, die ich im Traum für meine eigene Wohnung halte, die aber im Detail ziemlich anders aussieht, als mein Wohnort im Wachzustand. So stellt sich die Frage, wo denn der Traum überhaupt stattfindet? Was ist das für eine Stadt, was für eine Wohnung, in der ich mich im Traum befinde und die, genau betrachtet, eine unbekannte Stadt, eine unbekannte Wohnung ist?

Dann gibt es beispielsweise Stadtviertel, die mir im Traum sehr vertraut sind und die ich im Traum immer wieder einmal besuche, die aber in der Wachrealität nicht existieren. Wo sind diese Stadtviertel? Haben Traumorte eine fixe Existenz, die unabhängig vom Träumer ist? Das sind grundlegende Fragen, die ich nicht beantworten kann, die es aber wert sind, trotzdem gestellt zu werden. Nicht zu beantwortende Fragen können zu Forschungen anregen, die sehr fruchtbar sein können, wohingegen vorschnelle, rationalisierende Antworten ebensolche Forschungen verhindern.

Die Traumpersonen

Nachdem wir nun die Orte im Traum erfasst und uns darüber Gedanken gemacht haben, kommen wir zu den Personen, die im Traum auftreten. Meist spielt die Interaktion mit Menschen im Traum eine wichtige Rolle. Die Auseinandersetzung mit Tieren oder mit Gegenständen und Maschinen steht nicht so häufig im Zentrum. Wer tritt im Traum auf? Sind das Bekannte oder Unbekannte? Sind das reine Funktionsträger wie beispielsweise der Polizist oder die Verkäuferin oder sind das Bekannte und Verwandte aus dem Wachleben? Wenn es nahestehende Personen aus dem Wachleben sind, sehen sie wirklich so aus oder vermischen sich in ihren Gesichtszügen Eigenschaften von mehreren Personen? Oder sehen sie jünger aus? Oder schaut der Träumer gar nicht so genau hin, wie die bekannten Personen im Traum aussehen, eben gerade, weil sie ihm so vertraut sind? Auch hier gilt dasselbe, was wir schon bei den Traumorten erwähnt haben: Es kann sein, dass das Gegenüber gar nicht die vertraute Person ist, sondern nur gewisse Ähnlichkeiten aufweist. Auch gibt es Traumpersonen, die wir nur in der Traumwelt kennen und denen wir gelegentlich im Traum begegnen. Wer sind diese? Haben diese unabhängig vom Träumer ihre Existenz? Vor allem durch Experimente in luziden Träumen wurde entdeckt, dass es Traumfiguren gibt, die eine recht unabhängige Existenz zu haben scheinen. Paul Tholey[47] untersuchte die Frage nach der Eigenständigkeit des Bewusstseins von Traumpersonen. In luziden Träumen fragte er deshalb diese unter anderem: „Hast du ein eigenes Bewusstsein?" So erhielt er auch schon mal die Antwort: „Ja, natürlich, aber ich frage mich, ob du ein eigenständiges Bewusstsein hast, weil du so dumme Fragen stellst!" Andere wiederum sind bloße Traumdummies, bewegliche Pappkameraden, die durch unsere Projektion entstanden sind und die einfach eine Funktion im Traum haben, die sozusagen zur Möblierung der Traumlandschaft gehören, die der Träumer erschaffen hat. Wenn der luzide Träumer dann solche Figuren fragt, warum sie sich so oder so verhalten haben, erhält er die Antwort: „Weil du das von mir erwartet hast!"[48]

Natürlich sind auch Gegenstände im Traum wichtig. Transportmittel wie beispielsweise das Auto und der Zug kommen häufig vor; auch der Geldbeutel oder heutzutage das Handy, das plötzlich unauffindbar ist, oder die gelegentlich mangelhafte Kleidung mögen eine Rolle spielen. Auch Tiere treten immer wieder einmal auf. Was für Tiere sind das?

Projektion, Halluzination

Weiter oben habe ich das Wort Projektion verwendet, man könnte in dem Zusammenhang auch Halluzination sagen. Diese beiden Wörter werden in der Psychologie und Psychopathologie meist in einem negativen Sinn verwendet und gelten als Beispiele, wie unsere Wahrnehmung auf krankhafte Weise verzerrt sein kann. Dabei geht die Erkenntnis verloren, wie eminent schöpferisch und kreativ dieser Vorgang ist. Vor allem im Traum wird aber ersichtlich, wie wir in der Lage sind, ganze Umwelten, Szenerien und Geschichten so zu erschaffen.

Andererseits stellt sich aber die Frage, ob der ganze Traum oder alle Träume auf halluzinatorischem Wege zustande kommen, oder ob da formgebende Faktoren vorhanden sind, die außerhalb des engeren Bewusstseinskreises des Träumers liegen. Zu denken sind an andere Realitäten, die durch einen Konsens entstanden sind, wie unsere wache Welt, die durchaus als ein kollektiver Traum angesehen werden kann. Dabei mag es sein, dass diese Konsensrealität durch individuelle Interpretationen und Projektionen überformt werden, so dass der erfahrene Traum ein Gemisch aus einer Konsensus-Realität und individuellen Halluzinationen ist. Dieses Gemisch kann je nach Bewusstseinszustand des Träumers einmal mehr von der Konsensrealität oder von der individuellen Interpretation bestimmt werden. Aber hier muss ich sagen, dass ich Seth das Feld überlassen muss. Er nennt diese Erfahrungen „Bewusstseinsprojektionen“, wobei er darunter etwas anderes versteht als die westliche Psychologie, nämlich die Aussendung des Bewusstseins, welche im Westen OOBE, Out of Body Experience (außerkörperliche Erfahrung), genannt wird. Einige Träume gehören zu dieser Kategorie. In den frühen Sitzungen[49] spricht er oft und umfassend über das Traumuniversum, Träume und Bewusstseinsprojektionen.

„Erfahrungen“ versus persönliche Träume

Was ich dazu sagen kann, ist, dass ich Träume habe, die ich intuitiv eher als „Erfahrungen“ einstufe und andere, die eher aus der Kontextualisierung meiner aktuellen Probleme und aufgrund meiner Lebensgeschichte entstehen, was ein halluzinatorischer Vorgang ist. Einige Träume sind hingegen ein Gemisch aus diesen beiden Traumformen. In meiner Zeit bei den Sufis wurden wir von unserer Lehrerin immer wieder dazu angehalten, diese Unterscheidung zu treffen, indem sie in den häufigen Gruppendiskussionen über Träume bemerkte „Das ist eine Erfahrung“ oder „Das ist eher ein persönlicher Traum“. Diese Unterscheidung deckt sich ziemlich mit derjenigen, welche im Dzogchen unternommen wird. Dort unterscheidet man zwischen Träumen der Klarheit (nicht zu verwechseln mit dem westlichen Begriff Klartraum, der ein luzider Traum ist) und karmischen Träumen. So verwundert es nicht, dass sowohl die Sufitradition, der ich folgte, als auch Dzogchen[50] aus Zentralasien stammen, auch wenn die eine Tradition das Konzept von Karma gebraucht, die andere aber nicht.

Zusammenfassend haben wir bei der Erfassung der Träume zuerst darauf geschaut, wie der Bewusstseinszustand im Traum ist – eher assoziativ oder eher linear.

Dann haben wir bestimmt, was das zentrale Thema des Traumes ist und welche Gefühle in ihm zum Ausdruck gebracht werden. Dann haben wir uns den Einzelheiten, also den Traumorten und den Traumpersonen zugewendet. Dabei habe ich betont, dass die Traumwelt ebenso real ist wie die wache Welt, dass man sie deshalb nicht vorschnell als Symbol verstehen soll, welches auf die wache Welt verweist, sondern dass man diese Welt in ihrer Eigenständigkeit ernst nehmen soll. Zum Schluss wird eine Unterteilung zwischen „Erfahrungen“ und „persönlichen Träumen“ angeregt. Erstere sind als genuine Erfahrungen in der Traumwelt zu verstehen, letztere sind eher projektive Inszenierungen, welche eigene Überzeugungen, Erwartungen, Befürchtungen und Erinnerungen kontextualisieren.

KAPITEL 6

DAS TRÄUMENDE ICH

Nun. Wenn ihr realisiert, dass ihr eure physische Realität mittels eurer Gedanken und Wünsche erschafft, dann habt ihr die wichtigsten Aspekte der Realität begriffen.

—Seth, *Die frühen Klassensitzungen*, Bd. 2, 3. Feb. 1970

Nun. Das „Ich", das träumt und das sich der Bewegung, der Handlung und der Teilnahme an einem Traum gewahr ist, dieses „Ich" ist natürlich das innere Selbst, das momentan auf jene besondere unterbewusste Ebene, welcher der Traum entstammt, fokussiert ist.

—Seth, *Die frühen Sitzungen*, Bd. 3, Sitzung 93

Es gibt eine Notwendigkeit, das innere Selbst zu entdecken und zu verstehen.

—Seth, *Die frühen Sitzungen*, Bd. 4, Sitzung 162

Bei der Erfassung des Traumes haben wir einen wichtigen Faktor weggelassen, weil wir ihn meist übersehen – das träumende Ich! Gleichzeitig ist dies ein Thema, das ich gesondert abhandeln möchte, weil es etwas umfassender ist, obwohl es eigentlich auch zum letzten Kapitel der Erfassung des Traumes gehört.

Die Identität des Traum-Ichs

Als erstes möchte ich die Identität des Träumers im Traum etwas genauer anschauen. Das scheint auf den ersten Blick kein sehr sinnvolles Thema zu sein, denn es ist ja klar, wer das Traum-Ich ist – der Träumer natürlich. Doch bei genauerem Hinsehen gibt es da Variationen, die gerne übersehen werden.

Was relativ häufig vorkommt, ist ein Unterschied im Alter des Traum-Ichs im Vergleich zum Träumer. Zu erwähnen sind beispielsweise die Schul- und Prüfungsträume, in denen wir im Traum wieder in unser Jugendalter versetzt werden. Diese Verschiebung der Identität ist relativ bekannt, sowohl in der Literatur als auch im Allgemeinwissen über Träume. Fast jeder kann über einen solchen Traum berichten.

Ein weiterer Typ von Traum ist ebenfalls relativ gut bekannt: Der Träumer ist sich einer Szenerie gewahr, an der er aber nicht teilnimmt. Dieses Traumarrangement gleicht einem Kino, und so erstaunt es nicht, wenn der Träumer, der sich seiner distanzierten Sicht auf den Traum gewahr wird, gelegentlich dazu eine Kinoumgebung kontextualisiert. Nun kann es aber vorkommen, dass der Träumer durch die Szenerie derart negativ oder positiv angesprochen wird, dass er buchstäblich seine emotionale Distanz verliert und sich mit dem Protagonisten vollständig identifiziert. Er befindet sich dann plötzlich in der Szene und nicht mehr außerhalb, er ist dann diese andere Person, er beobachtet sie nicht mehr. Gelegentlich kann er aber auch gleichzeitig beide Positionen einnehmen, eine innerhalb der Szene und eine aus einer gewissen nüchternen Distanz.

So möchte ich zur Illustration einen Traum aus meinem Journal anführen: Die beste Freundin meiner Mutter, die in der ganzen Familie unter dem Namen „Giggi" gut bekannt war, lag im Sterben. Ich sah sie von einem erhöhten Standpunkt in ihrem Bett liegen. Dabei fiel mir besonders ein Luftbefeuchtungsapparat auf, der neben ihr auf dem Beistelltisch stand… Nun war ich aber plötzlich selber Giggi und lag im Bett. Ich hörte die Stimme meiner Mutter, oder nun eben meiner besten Freundin, die von der Seite zu mir sprach.

Dieser einfache Traum zeigt deutlich den Perspektive-Wechsel innerhalb des Traumes. Am Anfang war ich einfach ein Beobachter, doch am Schluss war ich nicht Christoph, nein, ich war Giggi. Ich als Träumer habe das Geschlecht gewechselt und mich mit einer sterbenden Person identifiziert, weil mich dieses Thema anzog. Dabei hatte ich aber überhaupt nicht das Gefühl, ich sei jemand anderer, sondern war immer noch ganz selbstverständlich der „ich bin, der ich bin". Ich war also keinesfalls verunsichert, es fiel mir im Traum nicht einmal auf, dass meine Identität gewechselt hatte. Das ist meiner Meinung nach auch der Grund, weshalb dieser Sachverhalt gerne übersehen wird.

Hier noch ein paar Beispiele, bei denen die veränderte Identität nur aus dem Kontext des Traumes erkennbar wird: Ich hatte einen Bruder, der war sehr kreativ, doch er kam auf die schiefe Bahn, wurde kriminell und war schließlich Mitglied der türkischen Mafia. Ich versuchte, Kontakt mit ihm zu halten, doch er wich mir immer freundlich aus. Wenn ich kam, ging er. Im Laufe der Zeit konnte ich doch einiges aus ihm herausholen, so dass ich wusste, dass er alleine lebte und in der Unterwelt eine relativ wichtige Rolle spielte… Ich möchte hier nicht den ganzen, recht langen Traum anfügen, er endete jedoch damit, dass der Bruder in einem Gefängnis exekutiert und in einem Hinterhof des Gefängnisses verscharrt wurde, weshalb es dort zu spuken begann. Festhalten möchte ich einfach, dass ich im Wachleben keinen Bruder und, Gott bewahre, keine Beziehung zur türkischen Mafia habe! So stellt sich nun die Frage, wer war ich dann im Traum?

In einem anderen Traum war ich im Irak und wollte dem Krieg entfliehen und die Grenze überqueren, doch der Zöllner ließ mich nicht durch, weil ich keine Erlaubnis vom Innenministerium hatte. Doch so wie der Zöllner mich anschaute, erkannte ich beim Aufwachen, dass ich im Traum eine junge Frau gewesen sein musste, denn er betrachtete mich so wie ein begehrender Mann eine Frau anschaut. Wiederum in einem anderen Traum war ich mit meiner Familie unterwegs auf einer Sightseeing Tour, bei der wir eine große Kirche besuchten. Ich war ein Jugendlicher und meine Eltern, wie auch meine Geschwister, waren Schwarze.

Ich könnte noch viele solche Beispiele anfügen, einige sind im Internet[51] oder in meinem kleinen Büchlein „Nächtebuch“[52] zu finden. Meist erkannte ich meine veränderte Identität erst im Nachhinein aus dem Kontext des Traumes. In all diesen Träumen war es selbstverständlich, dass ich einfach ich selber bin. Früher ließ mich dieser Sachverhalt übersehen, dass ich im Traum jemand anderes war. Heute, setze ich mich intensiver mit dieser Frage auseinander und erkenne deshalb manchmal schon im Traum, dass ich eine andere Identität habe, aber das ist für mich immer noch genauso selbstverständlich und keineswegs beunruhigend.

Theoretische Überlegungen

Es ist deshalb sinnvoll, von einer primären Identität und sekundären Identitätsmerkmalen zu sprechen. Die primäre Identität ist „ich bin, der ich bin“, das gewahrende und handelnde Bewusstsein, das eine bestimmte individuelle Perspektive einnimmt. Die sekundären Identitätsmerkmale definieren sich über äußere Eigenschaften wie Beziehungen zu anderen Menschen, Traumumgebung und ausgeübter Beruf usw. Zu den äußeren Merkmalen gehört aber offensichtlich auch die Geschlechtsidentität, was etwas erstaunen mag, da wir am Tag unsere Identität stark mit unserem Geschlecht verbinden. Nicht so aber in der Nacht. Sogar unsere menschliche Form, unser Körper, gehört im Traum zu den sekundären Identitätsmerkmalen, die austauschbar sind. Ich war zum Beispiel auch schon in einer fremden Welt ein intelligentes, echsenartiges Wesen, das auf seinem Rücken einen schildkrötenartigen Panzer trug. Auch war ich ein andermal ein Androide, der wohl Intelligenz und Empfindungsfähigkeit besaß, der jedoch in einer Fabrik hergestellt und nicht geboren worden war! Andere Träumer berichten, dass sie im Traum schon ein Tier waren. Gelegentlich kommt es auch vor, dass das träumende Ich sich als reines, form- und körperloses Bewusstsein erlebt. Luzide „Void"-Erlebnisse gehören dazu.

Ich habe mich im Internet in Traumforen etwas umgehört und musste erfahren, dass nicht alle Träumer diesen Sachverhalt kennen. Sicherlich übersehen einige ihren Wechsel der sekundären Identität, doch besteht auch die Möglichkeit, dass insbesondere jüngere Menschen sich im Traum stärker mit ihrer wachen Identität und ihren Merkmalen verbinden. Inge Strauch[53] und andere konnten nachweisen, dass Träume von jüngeren Menschen wohl bizarrer sind, dass sie aber häufig mit Versatzstücken aus dem Wachleben gebildet werden. Die Träume älterer Leute hingegen sind realistischer, doch handeln sie in Umgebungen, die dem Träumer aus dem Alltag nicht bekannt sind. Auch die Traumpersonen, mit denen er in Beziehung tritt, sind ihm aus dem wachen Leben häufiger nicht bekannt. Die Bedeutung dieses Sachverhaltes ist unklar, Inge Strauch vermutet, dass es mit der zunehmenden Vereinsamung des älter werdenden Menschen zu tun hat. Wenn nun aber mit zunehmendem Alter auch die Variabilität der sekundären Identitätsmerkmale zunimmt, so lässt sich dieser Sachverhalt als zunehmende emotionale Freiheit des älter werdenden Menschen erklären; von einer Emanzipation von den täglichen Sorgen und Nöten, die ihn im Laufe seines Lebens emotional nicht mehr so sehr in Anspruch nehmen, weil er sie zur Genüge kennt. Daher bekommt er die emotionale Freiheit, im Traum andere Lebensentwürfe auszuprobieren.

Wie kommt es aber dazu, dass wir unsere Identität im Traum so leicht verwandeln können? Ein Stichwort dazu ist das Wort Identifikation. Wir können uns mit anderen Lebewesen, Tieren oder Menschen identifizieren, sowohl am Tag wie auch im Traum. Am Tag geschieht das vor allem in der Vorstellung im Kopf, in der Traumwelt aber, die aus „Vorstellung" besteht, wird diese Identifikation vollständiger und umfassender erlebt. Womit identifizieren wir uns aber? Wir identifizieren uns mit Figuren, die uns emotional nahe stehen, sowohl im positiven wie auch im negativen Sinne. Menschen und Tiere, die uns kalt lassen, die uns emotional nicht berühren, dürften weniger Gegenstand einer Identifikation sein. Des Weiteren kommen hier Erklärungsmöglichkeiten zum Zuge, auf die ich mich nicht weiter einlassen möchte und die Seth in seinen Büchern viel umfassender und besser erklärt hat. Das ist die Identifikation mit wahrscheinlichen Selbsts, mit Gegenstücken und mit anderen Inkarnationen des größeren Selbst[54].

So empfehle ich dem Träumer, sich bei der Niederschrift des Traumes Gedanken über seine Identität im Traum zu machen. Häufig kann er diese aus dem Setting des ganzen Traumes ableiten, manchmal ist es aber sofort klar, dass der Träumer im Traum eine andere Person ist.

Das Traum-Ich als Wirkfaktor

Im Verlaufe meiner langjährigen Auseinandersetzung mit meinen eigenen Träumen ist mir aufgefallen, wie wichtig die Erwartungen und Befürchtungen des Traum-Ichs sind. Sie bestimmen zu einem guten Teil, wie ein Traum sich entwickelt, welche Wendung er nimmt. Wie sich herausstellte, trifft dies für gewöhnliche als auch für luzide Träume zu. So möchte ich hier zur Illustration drei kürzere Träume vorstellen: Ich fuhr mit dem Auto eine steile, verschneite und steinige Straße hinunter. Dabei stellte ich mit Schrecken fest, dass es kein Steuer hatte, ich fuhr aber schon. Doch dann realisierte ich, dass dies gar nicht sein konnte, da es Autos ohne Steuer nicht gibt und ich sicherlich nicht losgefahren wäre, wenn es kein Steuer gehabt hätte. Als ich das realisierte, war das Steuer plötzlich da, bzw. ich nahm es wahr. Irgendwie hatte ich es vorher übersehen. Nun konnte ich sicher die gefährliche Straße hinunter fahren.

Die Angst des Traum-Ichs, die gefährliche Straße hinunterzufahren und die Kontrolle zu verlieren, wird sofort im Traumbild des fehlenden Steuerrades inszeniert. Seine darauf folgende überzeugte Feststellung, dass es keine Autos ohne Steuer gibt, erzeugte danach augenblicklich ein Steuerrad. Hätte es sich von seinem Schrecken und seiner Angst leiten lassen, so hätte sich der Traum bestimmt zu einem Albtraum entwickelt. Es wird hier deutlich, dass die Erwartung des Traum-Ichs sofort in seiner Umgebung ausgedrückt wird, sowohl im negativen als auch im positiven Sinn, denn die Umgebung ist ein Ausdruck und eine Gestaltung des Träumers. Diesem Sachverhalt sind wir schon einmal begegnet, Ernest Hartmann nennt ihn „Kontextualisierung“[55].

Ein weiteres Beispiel, dieses Mal ein luzider Traum: Ich war in einer felsigen Gegend am Meer. Ich realisierte, dass ich träume und begann zu fliegen. Ich genoss den Flug durch die intensiv herbstlich gefärbten Schluchten, durch die ich kurvte. Die Farben erschienen mir fast etwas zu intensiv, fast ein wenig unecht. Schließlich war alles nur noch Papiermaché und löste sich danach ganz auf. Mein Zustand wechselte zu einem schwarzen, bildlosen Zustand, dem so genannten „Void“, in dem ich reines Ich-Bewusstsein, aber ohne Körper und ohne wahrnehmbare Objekte war. Kurz danach wachte ich auf und notierte den Traum.

Ich habe schon viele Male am Tag über den Realitätscharakter von Träumen und insbesondere von luziden Träumen nachgedacht. Letztere habe ich gelegentlich schon derart intensiv und real erlebt, dass ich dazu neige, sie realer als real anzusehen. Doch gibt es auch erhebliche intellektuelle Zweifel in mir, und die haben sich in diesem luziden Traum ausgewirkt. Meine latenten Zweifel bewirkten, dass die Landschaft nach dem ersten Gefühlsüberschwang bald irgendwie übertrieben farbig und unecht wirkte, wie gemacht, wie Papiermaché eben. Da mir dies auffiel, löste das in mir wiederum Assoziationen aus, dass Papiermaché nur etwas vorspiegelt, und dass dahinter nichts ist – diese Vorstellung löste sofort jegliche Traumwahrnehmung auf. Ich war bewusst in einem schwarzen Nichts.

Diese Traumschilderung zeigt noch etwas: Es wird nicht beschrieben, wie das Traum-Ich auf die Traumereignisse reagiert. Ich vermute, dass viele Traumschilderungen so sind. Es werden nur die „äußeren“ Ereignisse beschrieben. So ist auf den ersten Blick auch nicht zu erkennen, wie das Traum-Ich den weiteren Verlauf der Ereignisse beeinflusst. Deshalb möchte ich dem geneigten Leser vorschlagen, mehr darauf zu achten, was der Traum im träumenden Ich auslöst und wie die Erwartungen und Befürchtungen des Traum-Ichs den weiteren Verlauf des Traums beeinflussen.

Nun kann es aber auch hier sein, dass das Traum-Ich keine erkennbaren Emotionen zeigt, auch Denktätigkeiten oder Erwartungen sind nicht oder nur schwach auszumachen, denn wir haben schon im letzten Kapitel gesehen, dass im Traum Emotionen, Befürchtungen und Erwartungen sofort in eine erlebte Erfahrung umgesetzt werden und sich nicht als Emotionen und Erwartungen ausdrücken. So kann man oft die Emotionen und Erwartungen des Traum-Ichs aus dem weiteren Verlauf der Traumhandlung erkennen.

Hier ein weiteres Beispiel: Ich war bei einer größeren Wohngemeinschaft eingeladen. Ich ging in den Räumlichkeiten der Gemeinschaft umher, ging durch Gänge und sah verschiedene Türen, die zu den Zimmern der Bewohner führten. Da war ich plötzlich im Internat im letzten Jahr vor dem Schulabschluss. Es war Mittag, und ich musste meine Schulutensilien für den Nachmittagsunterricht bereitstellen. Doch ich wusste nicht, was für Lektionen ich hatte, denn ich hatte keinen Stundenplan. So musste ich einfach aufs Geratewohl losziehen.

Dieser Traum weist einen plötzlichen Bruch auf. Er beginnt in einer Wohngemeinschaft und endet im Internat. Der Übergang ist plötzlich und von mir unbemerkt. Ich bewege mich selbstverständlich in beiden Szenerien, wie wenn nichts geschehen wäre. Vielleicht ist doch etwas zu erkennen, wie unvorbereitet der Wechsel auf mich trifft, weil ich keinen Stundenplan zur Verfügung hatte und nicht wusste, was für eine Schulstunde mich erwartete und daher improvisieren musste. Interessant ist nun, warum dieser Szenenwechsel stattfinden konnte. Das Bindeglied ist meine Erinnerung: Die Gänge mit den Zimmertüren erinnerten mich offensichtlich im Traum an meine Internatszeit. Die Erinnerung trat aber nicht als Erinnerung in mein Bewusstsein, sondern als erlebbare Umgebung. Hier wird die Eigentümlichkeit der Traumwelt gegenüber der physischen Welt besonders deutlich. Weder der Raum noch die Zeit strukturiert das Geschehen, sondern die Assoziation, wie wir im Kapitel über das träumende Bewusstsein gesehen haben. In diesem Beispiel hat das Traum-Ich mit seinen Erinnerungen den Traum bedeutsam geprägt, indem diese einen Szenenwechsel verursachten. Die plötzliche Veränderung traf wiederum das Traum-Ich etwas unvorbereitet. Dieses Unvorbereitetsein drückte sich aber nicht als Gefühl der Unsicherheit aus, sondern im fehlenden Stundenplan, einem Symbol für fehlende Struktur.

Selbsterkenntnis

Wie wir also sehen können, prägen nicht nur Emotionen und Erwartungen den Verlauf des Traumes, sondern auch Erinnerungen. Man kann also sämtliche mentalen Prozesse des Träumers anhand des Traumverlaufs herausarbeiten. Darum ist die Auseinandersetzung mit den eigenen Träumen ein Akt der Selbsterkenntnis. Der Traum zeigt auf seine sehr freie Art den Verlauf der mentalen Prozesse wie in einem Bilderbuch. Obwohl die Traumwelt so aussieht und so real ist wie die physische Welt, so wird sie doch von mental-assoziativen und nicht von physikalischen Kräften, Raum und Zeit regiert.

Seth und in der Folge auch andere Autoren haben immer wieder betont, dass wir unsere Wirklichkeit selber erschaffen. Dies ist eine Botschaft, die für uns schwer verdaulich ist, denn wir halten uns häufig für die Opfer der Umstände, wenn wir auch erkennen können, dass wir bis zu einem gewissen Grad aktiv auf unsere Umwelt Einfluss nehmen. So ist das Studium der Funktionsweise der Traumwelt, insbesondere des Traum-Ichs, ein hervorragendes Werkzeug, um uns selber als gestaltender Faktor wahrnehmen zu können. Die Traumwelt reagiert viel schneller und leichter auf unsere Erwartungen und Erinnerungen als die wache Welt, denn sie ist eine psychische Welt.

Aufgrund der Träume kann man also die Emotionen, die Erwartungen, die Befürchtungen, die Hoffnungen, die Weltanschauung und die Erinnerung des träumenden Ichs erkennen. Doch wie es sich gezeigt hat, gibt es auch

Traumereignisse, die sich nur schwer auf das uns selber bekannte Ich zurückführen lassen. Auf wen oder was dann? Man kann diesen unbekannten Faktor das „Unbewusste" nennen, einfach weil wir nicht wissen, wie das zu erklären ist, und wir müssen uns dabei eingestehen, dass uns unser eigenes Ich teilweise unbekannt sein dürfte. So können die Träume uns lehren, neue Aspekte des eigenen Ichs kennen zu lernen. Vielleicht sind das gerade diejenigen Aspekte, die Ereignisse veranlassen, die uns unangenehm sind, Ereignisse, deren Opfer wir zu sein scheinen.

KAPITEL 7

TRAUMSPIELE

Nun, die Phantasie weckt des Menschen Verbindung mit dem Universum der Träume. (…) Ich kann nicht genug betonen, dass die Phantasie eine weitere grundsätzlich nichtstoffliche Realität darstellt, die jedoch sowohl über eine Basis in und eine Wechselbeziehung mit dem Traum als auch mit der Materie verfügt.

—Seth, *Die frühen Sitzungen*, Bd. 3, Sitzung 115

Die Phantasie spielt auch in eurem persönlichen Leben eine wichtige Rolle, weil sie euren Überzeugungen Beweglichkeit verleiht. Sie ist einer der motivierenden Faktoren, die eure Überzeugungen in physische Erfahrungen umzusetzen helfen. Es ist deshalb dringend notwendig, dass ihr die Wechselbeziehungen zwischen Gedanken und der Phantasie erkennt. Um unbrauchbare Gedanken auszuräumen und neue etablieren zu können, müsst ihr also lernen, eure Phantasie einzusetzen. Durch deren richtigen Gebrauch könnt ihr dann eure Gedanken in die gewünschte Richtung katapultieren.

—Seth, *Die Natur der persönlichen Realität*, Sitzung 619

Mit einer richtigen Suggestion wird die Persönlichkeit, wie bereits erwähnt, spezifische Probleme im Traumzustand bearbeiten können. Wenn die Lösung für das Ego nicht klar ist, bedeutet das nicht zwangsläufig, dass die Lösung nicht gefunden wurde. Es kann sogar Situationen geben, wo es nicht nur unnötig, sondern sogar uner-

wünscht ist, dass das Ego mit einer entsprechenden Lösung vertraut gemacht wird.

Dieser Problemlösungs-Aspekt der Träume ist sehr wichtig und kann mit eindrücklichen, praktischen Resultaten angewandt werden. (…) Wir haben über die Wichtigkeit von Erwartung gesprochen. Mit Praxis können Traumaktivitäten auch in diese Richtung gelenkt werden.

Träume drücken die Grundrealität einer Persönlichkeit aus. Negative Träume neigen dazu, die negativen Aspekte der Persönlichkeit zu verstärken und tragen dazu bei, einen Teufelskreis unglücklicher Komplikationen zu bilden. Mit Suggestionen können Traumaktionen auf befriedigende, konstruktive Erwartungen gerichtet werden, die dann ihrerseits eine deutliche Veränderung zum Besseren bei der betroffenen Persönlichkeit bewirken können.

—Seth, *Die frühen Sitzungen*, Bd. 4, Sitzung 176

Die Wichtigkeit der Imagination

Bei der Erfassung des Traumes und des Traum-Ichs war es unsere Absicht zu erkennen, was ist. Nun ist es aber auch möglich sich zu fragen, was sein könnte, ob es vorstellbare Variationen gibt, oder ob wir das, was ist, tiefer ergründen wollen. Doch der vorher verwendete Begriff „vorstellbare Variationen“ weist darauf hin, worum es hier vor allem gehen soll: um die Vorstellung – um die Imagination. In der modernen Psychologie war wohl C.G. Jung der erste, der mit einem Verfahren arbeitete, das er „Aktive Imagination“[56] nannte. Er selber hatte damit ausgiebige Erfahrungen gemacht und diese in verschiedenen „schwarzen Büchern“ festgehalten. Diese wiederum dienten als Quelle zur Gestaltung des berühmten “roten

Buches“, dessen Faksimile heute im Buchhandel erhältlich ist[57]. Dieses Niederschreiben und kunsthandwerkliche Verarbeiten diente ihm als Hilfe, um die teilweise recht verstörenden Erfahrungen seelisch zu verarbeiten und zu integrieren. Er ging von einem Traum aus, oder von einem Gefühl, das er sich geistig vergegenwärtigte und in einer Phantasie ausgestaltete. Daraus entstanden imaginative Szenen und Dialoge, die er dann schriftlich festhielt.

In der analytischen Psychologie spielen das Imaginieren und das kreative Verarbeiten von seelischen Inhalten auch heute noch eine wichtige Rolle. Sie unterscheidet sich damit deutlich von der Psychoanalyse, die sich vor allem mit der rationalen Sprache und dem Verstehen befasst. Die lineare Sprache ist aber, wie wir früher schon gesehen haben, ein nicht sehr geeignetes Vehikel, um Träume zu verstehen und ins Bewusstsein zu integrieren. Wesentlich besser schneidet die poetische Sprache, insbesondere das Gedicht ab, denn es benutzt Symbole, Assoziationen und Impressionen als strukturierende Elemente. Doch die Imagination, eine Art von Tagtraum, und das kreative Gestalten sind von ihrem Wesen her dem Traum noch näher.

Das Imaginieren wurde bald von anderen psychotherapeutischen und psychohygienischen Verfahren übernommen. Im deutschen Sprachraum sei vor allem die Oberstufe des autogenen Trainings[58] genannt und das katathyme Bilderleben[59]. Später entstand die transpersonale Psychologie, zu der ich beispielsweise das holotrope Atmen[60] von Stanislav Grof, aber auch den Neo-Schamanismus[61] von Michael Harner rechne, der heute recht weit verbreitet ist. Auch diese verwenden das bildhafte Erleben als Instrument, um seelische Territorien zu erkunden. Erwähnen möchte ich hier insbesondere Robert Moss[62], ein äußerst begabter Träumer, der ein imaginatives Verfahren entwickelt hat, das er „dream tracking“ nennt. Darin erzählt der

Träumer einem oder mehreren anderen seinen Traum in der Form einer geführten Imagination, während die Zuhörer sich in ihrer Phantasie in die erzählten Traumereignisse einleben. Danach erzählen die Zuhörer über ihre persönlichen Erfahrungen, die sie beim Erleben des Traumes gemacht haben. Dies wiederum gibt nicht nur zusätzliche Hinweise für den Träumer, wie er diesen verstehen kann, sondern auch für diejenigen, die sich in den Traum hineinversetzt haben, denn sie erfahren nun, wie sie individuell auf die dargebotene Erzählung seelisch reagieren.

Ich habe hier diese Aufzählung von verschiedenen imaginativen Verfahren aus zweierlei Gründen eingefügt. Einerseits kann der interessierte Leser den Literaturangaben nachgehen, falls er sich vertieft mit ihnen befassen will. Andererseits soll die Aufzählung unterstreichen, wie wichtig die Imagination in der Psychologie ist, obwohl sie in unserer Kultur einen so schlechten Ruf hat. Es wird ihr vorgeworfen, sie sei irreal und substanzlos, dabei wird vergessen, dass unsere ganze Kultur, wirklich die ganze Kultur, aus der Imagination entstanden ist. Jeder Techniker, Wissenschaftler und jeder Künstler gebraucht die Imagination zuerst, erst nachher kommt das Überprüfen und Evaluieren der imaginierten Möglichkeiten und schließlich die Umsetzung in ein materielles Produkt. Der Leser möge sich zum Beispiel vorstellen, wie der Benzinmotor ohne Vorstellungsvermögen hätte erfunden werden sollen.

Hier sei der Vollständigkeit halber erwähnt, dass auch verschiedene mystische Schulen wie der Buddhismus, der Sufismus, aber natürlich auch Seth immer wieder betonen, wie wesentlich die Imagination ist, da sie dem Bewusstsein auf gestalterische Weise Struktur gibt, welche wiederum als Modell für die materiellen Formen und Gestalten dient. Henri Corbin, der das Werk des großen spanischen Sufi Ibn Arabi kommentierte, hat in diesem Zusammenhang von der „Mundus Imaginalis“[63], der imaginalen Welt gesprochen. Bei Jane Roberts hat die Idee des Universums als Gedankenkonstruktion[64] zum mentalen Durchbruch geführt, welcher die Manifestation der Trancepersönlichkeit Seth und dessen Philosophie ermöglichte.

Aktive Absicht und passive Sensibilität

Das Vorstellungsvermögen ist sehr wichtig, es prägt uns und wie wir ein Ereignis erleben. So kommt es darauf an, was wir uns vorstellen und ob unsere Imagination im Tagtraum ein Spielball unserer momentanen Gestimmtheit ist, oder ob sie mit einer gezielten Absicht eingesetzt wird. So wollen wir uns hier mit der Imagination als Werkzeug befassen, mit dem man mit Träumen arbeiten kann. Dabei ist es aber nicht meine Absicht, den Leser zu „sterilen“ Imaginationen anzuleiten, bei denen alles nach vorgefasstem Drehbuch abläuft. Im Gegenteil gilt es, eine Balance zwischen kontrollierter Absicht und sensiblem Eingehen darauf zu finden, was sich in der Vorstellung im Moment entwickelt. Denn auch am Tag machen wir nicht einfach das, was wir wollen, sondern wir sind gezwungen auf das einzugehen, was im Moment da ist. Wir können nicht einfach durch Wände gehen, sondern müssen eine Tür suchen, die sich als Durchgang anbietet. Das gilt auch für die Imagination.

Was ist nun Imagination? Das kann je nach Typus unterschiedlich sein. Bei den einen kann die Imagination einen sinnhaften und recht lebhaften Charakter annehmen – sie sehen mehr oder weniger klar etwas. Bei anderen hat die Imagination einen eher abstrakten Charakter. Die Imagination gleicht in etwa einer Erinnerung. So kann man sich probeweise an eine Szene aus den letzten Ferien erinnern. Häufig mag diese Erinnerung mehr einer Idee gleichen und keine wirklich sinnliche Qualität aufweisen.

Trotzdem kann man sich in dieser Erinnerung räumlich orientieren. Wenn man sich beispielsweise an den Sandstrand von den letzten Ferien erinnert, so kann man ungefähr sagen, was links und rechts zu sehen ist, oder was sich hinten oder vorne befindet, obwohl man nicht wirklich etwas sieht. Nun kann man sich fragen, wo diese Erinnerung, diese Impression zu finden ist. In der Regel befindet sie sich nicht vor den Augen, sondern im Kopf, eher hinter den Augen. Dort haben wir einen psychischen Raum, in dem sich Erinnerungen manifestieren und in dem die Gedanken und die Imagination stattfinden. Imaginieren kann man mit offenen oder geschlossenen Augen, man kann sich in einer bequemen Sitz- oder Liegestellung entspannen, oder man kann sich einfach an den Schreibtisch oder den Computer setzen. Schriftsteller arbeiten so.

Die Symbolvertiefung

Als erstes möchte ich die Symbolvertiefung vorstellen, wie sie Strephon Kaplan Williams[65] vorgeschlagen hat. Dabei geht es darum, sich imaginativ auf ein Traumsymbol einzulassen, von dem man geträumt hat und das nicht das Traum-Ich ist. Es kann eine andere Traumfigur sein oder auch ein unbelebter Gegenstand, der im Traum eine gewisse Rolle spielen mag, ein Auto, ein Kleidungsstück, ein Möbel, eine Wohnung oder gar ein Fluss usw. Als erstes geht es darum, sich damit zu identifizieren. Wie fühlt sich das an? Was für Gedanken kommen auf? Bei Traumfiguren kann man sich sodann ihre Heimat, ihr Zuhause vorstellen, in dem sie normalerweise Leben. Wie sieht dieses aus? Schließlich, wenn man sich genügend in dieses Traumsymbol eingefühlt und sich damit identifiziert hat, kann man in dieser Identifikation dem Träumer begegnen, so wie er im Traum auftritt. Wie wirkt der Träumer aus dieser Perspektive?

Diese imaginative Übung ist interessant und wichtig, weil man die Perspektive wechselt und das Traumereignis aus einem anderen Blickwinkel erleben kann. Wir identifizieren uns mit dem, was das Nicht-Ich war, das ist grundsätzlich eine Erweiterung des Bewusstseins und eine Ausdehnung der Identität. Neben dem Aspekt der Erweiterung führt diese Übung auch zu einer gewissen Flexibilisierung des Ichs. Der Träumer ist nicht mehr so sehr auf seine üblichen Rollen fixiert.

Der imaginative Dialog

Eine weitere Möglichkeit besteht darin, imaginativ mit einer Traumfigur oder auch mit einem unbelebten Objekt in einen Dialog zu treten. Man eröffnet das Gespräch am besten mit der Frage, „wer oder was bist du", und kann es mit der Frage, „was willst du von mir", „warum bist du in meinem Traum", oder „warum verhältst du dich so" fortfahren. Bei dieser Imagination ist es wichtig, nicht nur aktiv Fragen zu stellen, sondern auch hinzuhören, was für Antworten oder gar Gegenfragen kommen. Nun ist es so, dass diese Antworten nicht unbedingt große Enthüllungen sind, oder einen tiefgründig philosophischen Charakter haben. Häufig sind sie relativ naheliegend. Nun ist es aber wichtig, diese Antworten anzunehmen und nicht zu entwerten, indem man sich sagt, das sei banal oder vom Ich gemacht. Denn das ist genau die kulturbedingte Falle, in die wir so gerne tappen: Es ist ja nichts Reales, sondern bloß Eingebildetes. Im Gegenteil kann diese Imagination dazu verhelfen, Elemente und deren Funktion im Traum besser zu verstehen.

Ein Spezialfall ist das imaginierte Streitgespräch mit dominanten Traumfiguren. Im Traum kommen gelegentlich Figuren vor, die bestimmen, was das Traum-Ich ist, oder was es zu tun hat. Zu denken sind an Eltern- und

Lehrerfiguren oder an Vorgesetzte, die ungerechtfertigt qualifizieren oder sonstwie versuchen, ihre Weltsicht oder ihr Wertsystem dem Träumer aufzudrängen. Es gibt aber auch Figuren, Tiere und Monster, die mit Gewalt und Aggression das Traum-Ich einschüchtern. Hier geht es nicht nur darum, zu verstehen, was das Nicht-Ich ist und was es will, sondern auch darum, dass das Ich sich gegenüber der Autoritätsfigur oder dem Aggressor behaupten kann. Diese Imagination hat insofern eine wichtige Funktion, indem sie dem Träumer ermöglicht, aus seiner hilflosen Opferrolle herauszukommen. Solche imaginativen Streitgespräche können zäh und schwierig sein, denn der Traumgegner hat viele Argumente, mit denen er sich behaupten kann und will.

Nackte Aggressoren werden aber sowohl im Traum als auch in einer solchen Imagination zahmer und zurückhaltender, wenn man sich ihnen zuwendet und nicht davonrennt. Denn einer Gefahr den Rücken zuzuwenden und davonzurennen – eine Angstreaktion – macht die Gefahr größer und gefährlicher, das ist ein psychologisches Gesetz. Man beraubt sich zudem jeglicher alternativer Optionen. Zur Illustration dieser Gesetzmäßigkeit empfehle ich einmal, zwei Katzen zu beobachten. Rennt die eine davon, so wird sie zwangsläufig von der anderen verfolgt, und im Extremfall kommt es zu einer aggressiven Attacke, bei der Blut fließt. Das ist ein festgelegter Ablauf mit Steigerungspotenzial. Bleiben beide Katzen jedoch stehen, so löst sich die Spannung mit der Zeit von selber auf, ohne dass es zu großen aggressiven Ausbrüchen kommt. Bei Schrecknissen in Albträumen läuft das genau gleich ab: Wendet man sich vom Schrecknis ab und dreht ihm den Rücken zu, so dass man es nicht mehr wahrnimmt, so beginnt die Verfolgung, und die Gefahr steigt. Stellt man sich der Gefahr, so wird sie kleiner. Luzide Träumer haben wiederholt berichtet, dass Monster und Riesen zu Normalformat oder kleiner schrumpften, sobald sie sich diesen entgegenstellten und sie zu einem Kampf oder zu einem Streitgespräch herausforderten. Denn die psychische Energie der Angst speist den Aggressor und macht ihn groß. Angst, mangelndes Selbstvertrauen und Unterwürfigkeit machen außerdem Autoritätsfiguren stark. Ein eindrückliches Beispiel schildert auch Jens Thiemann in seinem Buch über Klarträume. Er litt unter einer Hundephobie, die auch massive Albträume verursachte[66]. Mit solchen imaginativen Dialogen kann man in einem geschützten Raum neue psychische Muster erschaffen, welche mit der Zeit die alte Leier der automatischen Angstreaktionen und des Opferdaseins verklingen lassen. Sich wiederholende Angstträume können mit Vorteil so bearbeitet werden. In der Imagination kann dann der Aggressor zur Rede oder allenfalls zum Kampf gestellt werden. Vielleicht muss man sie einige Male wiederholen, bis sich eine Wirkung zeigt.

Die imaginative Ergänzung

Eine weitere Möglichkeit des imaginativen Spiels ist es, unvollständige Träume oder Traumfragmente zu vervollständigen, sei es, indem man sich vorstellt, wie es zu dieser Traumszene gekommen ist, oder indem man die Traumgeschichte zu Ende träumt. Auch hier mag wieder die Frage auftauchen, ob denn das gültig sei, wenn man sich da einfach etwas zusammenfantasiert. Ja, es hat psychische Gültigkeit, denn alles, was man sich vorstellt, hat eine psychische Realität.

Bei der Vervollständigung eines Traumfragmentes besteht wohl die größte gestalterische Freiheit, da man sich bei der Symbolvertiefung und bei der Dialogtechnik eher an das schon bestehende Traumskript halten muss. Hier aber fehlt das Traumskript teilweise. Außerdem besteht die Möglichkeit, sich mehrere alternative Versionen auszudenken. Dies ist also eine gute Fingerübung, um sein kreatives Vorstellungsvermögen zu trainieren. Diese Technik eignet sich auch ausgezeichnet dazu, Kurzgeschichten aufgrund von Träumen zu schreiben. Allenfalls können auch mehrere verwandte Träume in eine Kurzgeschichte integriert werden.

Die Trauminkubation

Zum Thema Traumspiele gehört auch die Trauminkubation, wenn auch bei dieser die Imagination nur eine sekundäre Rolle spielt. Die Trauminkubation ist ein sehr altes Verfahren und wurde beispielsweise in den griechischen Tempeln praktiziert, die dem Heilergott Asklepios[67] geweiht waren. Die Heilung suchenden Patienten wurden mittels Gesprächen, Spielen und Theateraufführungen auf die Nacht vorbereitet, in der sie im Heiligtum schliefen und einen Heiltraum haben sollten. Bei der Inkubation geht es also darum, einen Traum zu einem bestimmten Thema zu provozieren. Freud hat festgestellt, dass Traumteile auf so genannte Tagesreste zurückzuführen sind. Das, was wir am Tag erleben, wird teilweise nachts im Traum widergespiegelt. Teilweise kommen Ereignisse aus der vergangenen Woche direkt im Traum vor, teilweise werden aber nur die Themen der kürzlich vergangenen Tage aufgenommen und in einem anderen Zusammenhang dargestellt. Häufig ist es dabei aber so, dass es eine merkwürdige Verzögerung gibt – nicht der unmittelbare Vortag spiegelt sich im Traum, sondern Ereignisse, die vor einigen Tagen geschehen und gar nicht mehr so aktuell sind. In diesem Zusammenhang spricht man von einer so genannten Inkubationszeit, die mehr oder weniger lange dauern kann.

Den Umstand, dass Träume Themen von vergangenen Tagen aufnehmen, kann man nutzen, um gewisse Traumthemen zu setzen, indem man sich intensiver mit einem bestimmten Thema beschäftigt, von dem man träumen will. Dabei kommt die (mehrmalige) abendliche Suggestion zur Anwendung, die man nach dem Lichterlöschen vornehmen kann. Man stimmt sich inhaltlich auf das Thema ein, von dem man träumen will und stellt sich das Ganze auch möglichst bildlich vor, denn die Psyche reagiert stärker auf Bilder als auf simple Gedanken. Auch die Gefühle sind wichtig, das Thema muss eine gewisse Gefühlsintensität haben, die man sich bei der Suggestion ebenfalls vergegenwärtigen kann. Diese Suggestion sollte einige Nächte wiederholt werden, und es versteht sich von selbst, dass in diesen Nächten alle Träume aufgeschrieben werden, auch die unscheinbaren, die auf den ersten Blick nichts mit dem Thema zu tun haben.

Bei der Auswertung dieser Träume muss man beachten, dass unter Umständen die Träume nicht sofort auf die Suggestion reagieren, denn hier kommt die oben erwähnte Inkubationszeit zum Tragen. Außerdem haben wir gesehen, dass das träumende Bewusstsein ziemlich anders funktioniert als das Tagesbewusstsein. Es strukturiert seine Inhalte nicht nach Zeit und Logik, sondern nach assoziativen Kriterien. Es benötigt also ein spielerisches assoziierendes Bewusstsein, um den Zusammenhang des Traumes mit dem suggerierten Thema zu erkennen.

Man kann beispielsweise die Trauminkubation nutzen, um etwas über seinen Körperzustand zu erfahren, oder um eine Entscheidungshilfe in einer schwierigen Situation zu erhalten. Doch muss gesagt werden, dass die Träume sich nicht für den Träumer entscheiden, diese Last bleibt bei ihm. Nein, sie geben, ähnlich wie die Konsultation von Tarot-Karten oder des I-Gings, zusätzliche bedenkenswerte Hinweise, die man berücksichtigen kann. Dabei kann man zudem auf experimentelle Weise etwas über die assoziative Natur der Träume lernen.

Auch wenn man öfters negative und unangenehme Träume hat, nach denen man unter Umständen missgelaunt den Morgen beginnt, kann man die Trauminkubation nutzen. Da kann man sich vor dem Schlafen suggerieren, allgemein positive und konstruktive Träume zu haben. Dabei ist es wichtig, sich das Positive auch vorzustellen und sich darauf zu beziehen. Denn wenn man sich auf das konzentriert, was man weg haben will, erhält man noch mehr davon, denn die psychische Energie fließt dann in die negative Richtung. Hier kann wiederum das imaginative Verfahren eingesetzt werden, indem man einen negativen Traum der vergangenen Nacht „umschreibt“ und sich vorstellt, wie er positiv hätte enden können, und was das Traum-Ich tun muss, damit der Traum eine glücklichere Wendung nimmt. Auch dies hat eine positive Suggestionswirkung auf die folgende Nacht. Mit dieser Kombination von positiver Umgestaltung negativer Träume und abendlichen positiven Suggestionen können Albtraumserien infolge von akuter Belastung durch andauernden Stress und Konflikt am Tag gemildert werden. Unter Umständen ist es sogar möglich, auf dieser symbol- und bildhaften Ebene Konflikte zu lösen, so dass sie auch am Tag abklingen.

Seth und die Trauminkubation

Zu guter Letzt ist bei der Trauminkubation noch Seths Vorschlag anzuführen, sich vor dem Schlafen einen wahren Traum von den Toren aus Horn zu wünschen[68]. Im Altertum, bei den Ägyptern und den Griechen, war die Unterscheidung zwischen wahren Träumen von den Toren aus Horn und falschen Träumen von den Toren aus Elfenbein gebräuchlich[69]. Die einen kamen von den Göttern, die anderen hatten den Ursprung in der eigenen Verwirrung. Seth gebrauchte diese Unterscheidung aber in einem etwas anderen Sinne: Die wahren Träume von den Toren aus Horn sollen die eigenen Glaubenssätze zeigen, welche unsere Wirklichkeit und unsere Erfahrungen formen[70]. Sie sind also ein Spiegel, indem wir unsere Realitätskonstruktionen erkennen können. So eignet sich diese Inkubation dafür, sich selber und sein Inneres zu erkunden.

Zum Abschluss dieses Kapitels möchte ich eine kreative Herausforderung stellen, die Seth seiner Klasse gestellt hatte: Sie sollten in der Traumwelt eine Stadt erbauen. Susan Watkins zitierte Seth in ihrem Buch über die Klassensitzungen: „Die Stadt wird mehr als sieben Hügel haben (wie das alte Rom), und nicht alle Wege werden dorthin führen. Es sollten auch nicht alle Wege dorthin führen. Versucht deshalb, euch vor dem Einschlafen an die Stadt zu erinnern und zu planen, was ihr dort tun würdet, denn ihr werdet es tun!“[71]

Seth hat mit seiner Klasse begonnen, diese Traumstadt zu erbauen und Elias[72] hat seine Schüler aufgerufen, daran weiter zu arbeiten. Ich denke, jeder Träumer ist eingeladen, auf spielerische Weise an dieser Stadt mitzuwirken oder diese zu erkunden, denn sie ist ein laufendes Projekt, das wächst. Man kann dabei seine imaginativen Fähigkeiten, seine Trauminkubation und seine Traumerinnerung spielerisch üben. Dabei kann man erfahren, dass man Träume nicht nur passiv erfährt, sondern diese auch aktiv mitgestalten kann.

KAPITEL 8

LUZIDES TRÄUMEN

Ich kann die Tatsache gar nicht genug betonen, dass sich die Menschheit im Allgemeinen nur sehr weniger Dinge außerhalb der physischen Realität bewusst ist. Der Mensch hat es geschafft, die physische Realität zu organisieren, weil er sich so intensiv in ihr fokussiert. Sein Wissen über andere Realitäten beschränkt sich jedoch auf wenige kleine Einblicke.

—Seth, *Die frühen Sitzungen*, Bd. 4, Sitzung 174

Wenn ihr euch einmal im Traumzustand ebenso wach und reaktionsfähig wie im Wachzustand fühlt, dann werdet ihr neue interessante Erfahrungen machen. Dies soll nicht heißen, dass in Träumen immer diese spezielle Art wacher Bewusstheit erzielt wird; das ist aber häufig der Fall, wenn die empfohlenen Schlafgewohnheiten (kürzere und mehrere Schlafphasen) eingehalten werden.

—Seth, *Die Natur der persönlichen Realität*, Sitzung 652

Eure Träume sind die andere Seite eures wachen Lebens, wie das wache Leben die andere Seite eures Traumlebens ist. Erinnert euch daran, ob ihr nun wach seid oder träumt. Wenn ihr euch daran erinnert, wenn ihr träumt, werdet ihr wach und lebendig werden. Und wenn ihr euch daran erinnert, wenn ihr wach seid, werdet ihr träumen und lebendig werden.

—Seth, *Im Dialog mit Seth*, Kapitel 2

Vieles wurde schon getan beim Versuch, Träume zu deuten. Nichts oder nur sehr wenig wurde getan, um Träume zu kontrollieren oder um die Richtung der Aktivitäten innerhalb der Träume zu kontrollieren.

—Seth, *Die frühen Sitzungen*, Bd. 4, Sitzung 173

Als Seth den letzten Satz im Jahre 1965 diktierte, entsprach das in der Tat den Tatsachen, doch glücklicherweise hat sich das geändert. Jane Roberts' Buch „Das Seth-Material"[73], eine frühe Zusammenfassung der viel später publizierten „Frühen Sitzungen"[74], erschien 1970 und wurde zum gefeierten Bestseller. Zusammen mit Carlos Castanedas frühen Büchern, insbesondere die „Reise nach Ixtlan"[75], hinterließ es einen tiefen Eindruck bei alternativ eingestellten Leuten und bewirkte eine erste Erforschung und Erprobung des luziden Träumens in den späten 70er und frühen 80er Jahren. Dies wiederum führte zur Publikation von Patricia Garfields Buch „Kreativ träumen"[76] und zu den bahnbrechenden Forschungen von Stephen LaBerge[77], die er in den 80er Jahren publizierte und welche dazu führten, dass dieses Forschungsthema von der westlichen Wissenschaft anerkannt und somit aus der esoterischen Ecke entlassen wurde. Im deutschen Sprachraum erschienen Werner Zurfluhs „Quellen der Nacht"[78] und Paul Tholeys „Schöpferisch träumen"[79]. Damit ist das luzide Träumen – oder Klarträumen, wie es auch genannt wird – zumindest in Insiderkreisen bekannt geworden, und Hollywood beackert gelegentlich mit Erfolg dieses Thema (Matrix, Vanilla Sky, Inception usw.). Leider begegnen klassische Traumexperten wie die Freudianer und die Jungianer dem Thema nach wie vor reserviert oder mit blanker Ablehnung.

In den 80er Jahren begann auch ich mit solchen Experimenten und wurde mit Erfahrungen konfrontiert, die mich im positiven Sinne bis ins Mark erschütterten. Im luziden Traum wurde mir mit den zwingenden Faustschlägen blanker Tatsachen vorgeführt, dass ich nachts in einer zweiten Wirklichkeit lebe, die genauso real ist, wie die im Wachzustand erlebte Welt. Ich war schockiert und verblüfft. Das Seth-Material wurde für mich von der attraktiven Philosophie zur konkreten Wirklichkeit. Was zur überwältigenden Erfahrung beitrug, war das Gefühl einer enormen Freiheit, die jeweils bei der Erkenntnis entstand, dass ich in einem Traum war, obwohl ich eine vollkommene Realität erlebte, wie ich sie sonst aus dem Wachleben kannte. Dieses Freiheitsgefühl führte dann oft zu ekstatischen Flügen durch kristallklare Luft und über lichtdurchflutete Landschaften hinweg. Dabei waren meine Sinne und mein Bewusstsein überaus geschärft. Ähnliche Wahrnehmungen kannte ich bloß von LSD-Erfahrungen in meiner Jugend. Wenn ich mich in einem solchen Zustand bewusst an mein Wachleben erinnern wollte, so war die Erinnerung flach und bruchstückhaft, genauso wie die Erinnerung im Wachen an einen fernen Traum der letzten Nacht. Mein Wachleben war dann so bedeutungslos wie irgendein kleines Traumfragment, dessen größeren Zusammenhang und dessen Bedeutung ich nicht zu erkennen vermochte.

Was ist ein luzider Traum?

Der luzide Traum unterscheidet sich vom gewöhnlichen Traum durch einen Unterschied im subjektiven Wachheitsgrad des Traum-Ichs, was vorerst zu einem großen Erstaunen führt. Sodann ist es aber auch möglich, diesen Wachzustand im Traum zu nutzen, indem der Träumer gewisse Dinge beabsichtigt zu tun. Er ist also nicht mehr getrieben von der Traumhandlung, sondern kann sich bewusst entscheiden, was er tun will. Am Anfang sind das eher einfache Aufgaben, wie zum Beispiel die Hände anschauen, zu schweben oder gar zu fliegen.

Dabei zeigt es sich häufig, dass es nicht ganz einfach ist, diesen wachen Traumzustand zu halten. Starke Emotionen können den Träumer ganz wecken. Aber auch zu intensives Nachdenken oder das konzentrierte Anstarren eines Traumobjektes kann dazu führen, dass sich der luzide Traum auflöst. Unaufmerksamkeit hingegen kann dazu führen, dass der Träumer wieder in einen normalen Traum abgleitet. Es gilt daher, eine Balance zu halten zwischen Aktivität und Passivität, zwischen Erregung und Gelassenheit, die nur durch Übung und Erfahrung erlangt werden kann. Doch wird der Träumer es immer wieder einmal erleben, dass er seine Wachheit im Traum verliert und normal weiter träumt oder dass er frühzeitig aufwacht.

Es kann aber auch geschehen, dass sich der luzide Traum erschöpft und kollabiert, worauf sich der Träumer im „Void“ befindet, einem traumlosen Bewusstheitszustand, der vom Anfänger gerne als normaler Wachheitszustand interpretiert wird. Doch hat er in diesem Zustand kein Körperbewusstsein und keine Wahrnehmung, bloß ein denkendes Ich. Dies ist ein undifferenzierter Zwischenzustand, den die Tibeter *Bardo* nennen. In diesem Zustand kann das klare oder natürliche Licht erfahren werden, welches die tibetischen Traumyogis anstreben[80]. Doch das diene hier bloß als Hinweis. Für den Anfänger ist es wohl zu früh, diese Abzweigung zu nehmen. Auch ich konnte bisher nur kurze Blicke auf dieses gleißende und durchdringende Licht werfen, da es mir viel zu stark ist. Es fühlt sich an, wie wenn ich mit offenen Augen plötzlich, direkt und aus unmittelbarer Nähe in einen Autoscheinwerfer blicke. Das war bisher schlicht zu schockierend und führte bei mir zu instinktiven Abwehrreaktionen. Aber wie die Tibeter zeigen und wie ich es durch die Erzählung anderer luzider Träumer erfahren habe, kann dies gemeistert werden und zu mystischen Erfahrungen führen.

Doch zurück zum luziden Traum, den ich noch etwas genauer beschreiben möchte. Der Träumer fühlt sich in ihm wach, oder gar hyperwach. Seine Sinne funktionieren so wie am Tag, er sieht, hört und fühlt. Unter Umständen sind die Sinne sogar geschärft, die Sicht ist scharf bis weit in die Ferne, und die Farben leuchten in einer Intensität, die es im Wachleben nicht gibt. So mag diese Traumrealität realer wirken als die wache Realität.

Doch entgegen dem subjektiven Empfinden entspricht der luzide Wachzustand nicht ganz dem „wachen" Wachzustand. Häufig ist das Gedächtnis im luziden Traum etwas getrübt, besonders die Erinnerung an den Wachzustand. Experimente haben außerdem gezeigt, dass man im luziden Traum nicht gut lesen und rechnen kann. Auch das kritische reflektierende Bewusstsein ist meist nicht ausgeprägt. Dieser Umstand kann deshalb dazu führen, dass wir die Traumrealität direkter und unmittelbarer erleben. Bemühen wir uns im luziden Traum zu stark, uns zu erinnern oder konzentriert etwas zu reflektieren, so kann es sein, dass wir aufwachen. So ist der luzide Bewusstseinszustand eigentlich kein Wachzustand, sondern ein Hybridzustand zwischen Wachen und Träumen. Er ist die Brücke zwischen Wachen und Träumen, welche diese beiden Zustände miteinander verbindet und uns in eine unbekannte Realität führt. Diese Realität hat das westlich geschulte Bewusstsein bisher sträflich vernachlässigt. Doch besteht heute die berechtigte Hoffnung, dass sich das langsam ändern wird.

Beispiel:

Das oben gesagte möchte ich mit einem Beispiel veranschaulichen: Ich realisierte, dass ich in einem Traum war und wollte dies zuerst meiner Frau erzählen, doch ich ließ es bleiben, da ich Komplikationen erwartete. Ich war am Zürichsee und startete zum Flug auf einer mir bekannten Wiese, welche viel größer als in der physischen Realität war, und flog auf den See hinaus. Auf der rechten Seite lagen leere Lastkähne, die mich neugierig machten und die ich deshalb überflog. Dann schwenkte ich in eine Linkskurve und flog auf ein großes Hafengelände zu. Doch dann überlegte ich mir, was ich im Traum eigentlich tun wollte, und es kam mir in den Sinn, einen verstorbenen Bekannten zu besuchen, denn das hatte ich mir nach dem letzten luziden Traum vorgenommen. Ich kam in einen heftigen Energiestrudel, der mich vorwärts zog und der mir zeigte, dass ich unterwegs war, doch er führte mich nirgends hin. Er versiegte, und ich befand mich nach einiger Zeit der Reise im Void. Diesmal weckte ich mich aber nicht und wartete, bis sich ein weiterer Traum entwickelte – doch nichts geschah. Schließlich realisierte ich aber, dass ich wieder auf der Wiese am See war. Wieder startete ich, doch meine Frau behinderte mich. Gleichzeitig realisierte ich, dass ich selber diese Behinderung hervorrief. Ich konnte mich aber befreien. Nun hielt mich ein gedankenloser großer und eher plumper Mann zurück. Auch den konnte ich schließlich abschütteln und flog los. Ich hob ab und flog in einer großen Linkskurve über den See und über ein orientalisch wirkendes Haus. Auf dessen Zinne stand ein seltsamer bleicher Mann, der mir winkte. Er war von kleiner Statur und hatte einen großen Kopf mit großen dunklen Augen. Er bedeutete mir, ich solle zu ihm kommen. Er hatte einen kleinen Handwagen bei sich, indem ich Platz nehmen sollte. Doch der missgestaltete

Mann stieß mich eher ab, und ich flog weiter. Doch da erschöpfte sich die Energie des Traumes, und ich wachte auf.

Ich möchte diesen luziden Traum etwas kommentieren: Am Anfang ist es nicht klar, warum ich realisiere, dass ich in einem Traum bin. Das geschieht mir öfters. Manchmal merke ich an einem „unmöglichen" Ereignis, dass ich träume. Dieses wird in der einschlägigen Literatur als „Traumzeichen" benannt. Manchmal ist mein Bewusstseinszustand schon sehr klar im Traum, dass ich auch ohne Traumzeichen realisiere, wo ich bin. Manchmal bläst im Traum ein kräftiger Wind, der mich erkennen lässt, dass ich in einem Traum bin. Letzterer gehört zu den Energiephänomenen, die bei luziden Träumen, außerkörperlichen Erfahrungen und Bewusstseinsprojektionen auftreten können.

Ich habe in luziden Träumen schon die Erfahrung gemacht, dass Traumfiguren schlecht darauf reagieren, wenn ich ihnen mitteile, dass wir alle in einem Traum sind. So lasse ich es dieses Mal lieber bleiben. Außerdem ist meine Frau in Bezug auf Bewusstseinsabenteuer etwas ängstlich und hat daher auch keine einschlägigen Erfahrungen. Ich aber schon. Hier kommt das zum Tragen, was ich im ersten Kapitel diskutiert habe: die negative kulturelle Prägung gegenüber den Träumen und der Traumwelt. Da wir Kinder unserer Kultur sind, wohnt diese Prägung auch in uns. Auch wenn wir uns sehr für Träume interessieren und meinen, wir hätten eine durchwegs positive Einstellung zu ihnen, so stoßen wir immer wieder auf zuvor unbekannte Hindernisse in Form von negativen kulturell bedingten Glaubenssätzen, die meist mit Angst einhergehen.

Der Traum beginnt an einem mir seit Kindheit vertrauten Ort, doch er sieht im Traum etwas anders aus, und mein Flug bringt mich schnell zu Örtlichkeiten, die sich stark von der physischen Realität unterscheiden. Nun überlege ich mir, was ich eigentlich machen will. Hier setzt also ein gewisses reflektierendes Denken ein. Das ist nicht immer so. Auch wenn ich mir bewusst bin, dass ich mich in einem Traum befinde, denke ich nicht immer über die Implikationen nach. Der Luziditätsgrad und damit die kognitiven Fähigkeiten können also schwanken und sind nicht immer gleich gut. In diesem Traum erinnere ich mich sogar, was ich mir im Wachzustand vorgenommen habe. Das ist nicht selbstverständlich. Ich setze mir also ein Ziel, und was sich dann auftut, der Energiestrudel, ist eine Art energetisches Wurmloch, durch das man gezogen wird und das bei Bewusstseinsprojektionen auftreten kann. Es ist ein Begleitphänomen bei Reisen durchs Bewusstsein. Diese Energiephänomene können den Anfänger verunsichern, weil sie mitunter sehr stark sind. Doch mir sind sie mittlerweile bekannt, und ich fühle mich in diesem energetisierten Zustand sogar wohl und freue mich gespannt darauf, wo ich wohl ankommen werde. In diesem Traum dauert diese Reise durch den Energiestrudel ziemlich lange, doch sie führt nirgendwo hin. Auch das ist mir bekannt. Vielleicht habe ich mich an der Reise durch das energetische Wurmloch an sich so ergötzt, dass ich mein Ziel geistig aus den Augen verloren habe.

Es folgt das Void, das „still“ und „dunkel“ ist, aber eigentlich ist nichts da, außer mir selbst. Häufig hatte ich früher gemeint, ich sei nun wach und weckte mich. Dass das ein logischer Widerspruch war, entging mir jeweils in diesem Zustand. Diesmal nutze ich aber die Chance wieder, in die Traumwelt einzutauchen, doch dies geschieht nicht, wie ich es erwarte. Es entwickelte sich keine Szene vor meinen inneren Augen, nein, ich bin plötzlich wieder drin, als ob ich nie draußen gewesen wäre. Wieder beginne ich in der gleichen Traumszene. Das ist nicht unbedingt üblich, denn man kann nach dem Void auch in einen anderen Traum tauchen. Nun kontextualisiere ich aber meine negativen

Erwartungen im Widerstand meiner Frau, die mich am Flug hindert. Glücklicherweise realisiere ich während meines Befreiungskampfs im Traum, dass ich der Urheber des Widerstandes bin. Auch dies ist nicht unbedingt selbstverständlich in einem luziden Traum, dessen Bewusstseinsklarheit variieren kann. Danach kommt der Widerstand aber von einem großen plumpen Mann. Dieser Mann könnte für mich meine instinktiven Ängste symbolisieren, die sich vor dem Aufbruch ins Unbekannte fürchten. Man könnte ihn auch als Symbolisierung des Körperbewusstseins interpretieren, das sich fürchtet, alleine zurückgelassen zu werden.

Hier möchte ich nochmals kurz auf den Mechanismus der halluzinatorischen Kontextualisierung, wie sie Ernest Hartmann beschrieben hat, zurückkommen, da sie hier so deutlich erkennbar ist. Trotz oder wegen meiner freudigen Absicht, psychisch zu projizieren, manifestiert sich auch eine Angst in mir, die auf dem Glaubenssatz beruht, dass dieses Unterfangen gefährlich ist. Da ist also ein relativ abstrakter Glaubenssatz, der von einem Gefühl begleitet wird. Er wird zuerst als meine Frau kontextualisiert, die mich zurückhält. Aber ich erkenne den halluzinatorischen Aspekt dieses Bildes, weshalb es sofort nicht mehr existiert. Doch den ursächlichen Glaubenssatz und das Gefühl habe ich nicht erkannt, also entsteht ein neues Bild, dieses Mal von einem schwerfälligen Mann, der mich zurückhält. Trotzdem gelingt es mir, meine Bedenken und Ängste zu überwinden, indem ich mich nicht auf sie einlasse. Interessant an diesem Vorgang ist, dass weder der Glaubenssatz als solcher in Erscheinung tritt noch fühle ich die Angst in mir. Beides wird nach „außen" projiziert und wie in einem Theaterstück in einer Szene, einer Handlung dargestellt. Der Glaubenssatz und das Gefühl werden in den Kontext einer Geschichte gesetzt. Dabei zeigt sich eine gewisse Flexibilität in der Gestaltung, da es offenbar durchaus möglich ist, denselben Glaubenssatz auf verschiedene Weise darzustellen.

Doch zurück zum Traum: Der Start gelingt zum zweiten Mal. Auch hier wird die Szenerie schnell wieder fremd, beziehungsweise „orientalisch“. Wer ist nun aber dieser fremde missgestaltete Mann, der mir zuwinkt? Ist das eine Form des Verstorbenen, den ich besuchen wollte und den ich nicht erkenne? Und warum erschöpfte sich der Traum? Wäre er weiter gegangen, wenn ich mich auf den Mann mit seinem lächerlichen Handkarren eingelassen hätte? Ich weiß es nicht, doch habe ich mir nach diesem luziden Traum vorgenommen, das nächste Mal auf dessen Aufforderungscharakter einzugehen. Das Abenteuer geht also weiter.

Das Aufwachen

Hier möchte ich noch ein Augenmerk auf das Aufwachen nach dem luziden Traum werfen, das eigentlich erlebnismäßig gar kein Aufwachen ist, denn wir sind im luziden Traum ja schon wach! Es ist in der Regel so, dass der luzide Traum endet und der Fokus der Aufmerksamkeit auf das Körperbewusstsein verschoben wird – man spürt den liegenden Körper unter der Decke. Dieser Vorgang entspricht in etwa dem beim Lesen eines spannenden Romans: Man ist beim Lesen wach und in die Geschichte des Buches versunken. Dann ist man gesättigt und hat genug, man schlägt das Buch zu und schaut in die Umgebung und ist dabei immer noch wach. Das hat nichts mit Aufwachen zu tun, auch wenn der Kontrast zwischen den beiden Erlebnisebenen beträchtlich sein kann.

Nun kann es aber auch sein, dass der luzide Traum endet, man spürt jedoch den physischen Körper nicht, wir sind also im „Void“. Das ist für viele Träumer eine solch ungewohnte Situation, dass sie desorientiert sind und sich zum Körper zurücksehnen. Außerdem scheint es gemäß unserem Weltbild unmöglich zu sein, dass wir als reines Ich-Bewusstsein ohne einen Körper existieren können. Dieses Sehnen kann nun dazu führen, dass wir den Körper unter der Bettdecke verspüren und unser Bewusstsein wieder physisch zentriert ist. Dieses Sehnen, gekoppelt mit der Unfähigkeit, einen körperlosen Zustand akzeptieren zu können, kann aber auch zu einem so genannten falschen Erwachen führen: Wir halluzinieren uns träumerisch einen Körper und spüren ihn unter der Bettdecke. Wir schlagen die Augen auf und sind in unserem Schlafzimmer, das sich häufig etwas vom gewohnten Schlafzimmer unterscheidet, sei es durch andere Möbel, oder sei es durch ein Fenster in der Wand, wo sonst keines ist usw. Es kann aber auch sein, dass wir in einem ganz anderen Schlafzimmer die Augen aufschlagen. Das kann zu weiteren Traumabenteuern führen, die luzide sein können oder auch nicht. Das kann aber auch dazu führen, dass wir schließlich im „richtigen" Bett aufwachen.

Klartraumtraining

Nun kommen wir zur Beschreibung der Techniken, die zu luziden Träumen führen können. Das Klartraumtraining ist eine Form der Trauminkubation, bei der nicht Trauminhalte inkubiert werden, sondern ein erhöhter Bewusstseinszustand. Grundsätzlich ist es so, dass man dafür Ausdauer und die Bereitschaft benötigt, das Training in den Alltag, bzw. in die „Allnacht" zu integrieren, denn der Erfolg stellt sich, wie in der Trauminkubation häufig, meist nicht sofort ein. Dazu gehören die Führung eines Traumjournals und, wenn möglich, auch ein tägliches Trainingsprotokoll, indem man seine Bemühungen verzeichnet. Dieses Trainingsprotokoll verhilft dem Träumer, seine Disziplin aufrecht zu erhalten und das Training nicht versanden zu lassen. Das regelmäßige Training sollte etwa 4-5 Wochen durchgeführt werden. Dann besteht eine gute Chance, in dieser Zeit – oder kurz danach – einen luziden Traum zu haben. Ich würde nicht länger trainieren, das kann sehr ermüdend sein. Es ist besser, nach dieser Zeit eine Pause von einigen Wochen einzulegen, um später das gezielte Training wieder aufzunehmen. Bei mir stellen sich in dieser Zeit in der Regel ein bis drei luzide Träume ein. Wenn ich länger trainiere – ich tat dies auch schon ein Jahr lang – komme ich in einen so genannten „dry spell", also in eine Phase, in der nichts mehr geht, auch wenn ich mich stetig und ausdauernd bemühe. Im Gegenteil, wenn ich dann mit dem Training aufhöre, habe ich in der Regel in der Woche darauf noch einen luziden Traum. Man kann also das Training auch übertreiben und sich psychisch versteifen, was zu negativen Resultaten führt. Wer dazu neigt, kann eine Woche trainieren, eine Woche Pause machen, um dann wieder eine Woche zu trainieren usw.

Dann ist es nötig, einen so genannten WBTB (= wake back to bed) einzuführen, wie ich ihn schon beim Training der Traumerinnerung beschrieben habe. So ist es sinnvoll, im Zusammenhang mit dem Luziditätstraining nochmals das Kapitel mit der Traumerinnerung durchzulesen. Die Nacht sollte idealerweise nach 4 - 6 Stunden Schlaf unterbrochen werden, da der lange durchgehende Schlaf sowohl für die Traumerinnerung, als auch für das luzide Träumen abträglich ist. Der Schlafunterbruch sollte ca. um 3 oder 4 Uhr erfolgen, da die letzten Morgenstunden für luzide Träume am geeignetsten sind, weil man nach dem WBTB nicht mehr in den Tiefschlaf sinkt, sondern bloß in leichten Schlaf oder in REM-Schlaf. Ich empfehle, nicht den Wecker zu gebrauchen, sondern die abendliche Suggestion, in der Nacht nach einem Traum aufzuwachen. Wacht man zwischen 1 und 2 Uhr auf, kann man die Suggestion wiederholen, mit dem Ziel, um 4 Uhr nach einem Traum aufzuwachen. Diese Suggestion veranlasst, dass man eine Restaufmerksamkeit im Schlaf beibehält und nach einem Traum tatsächlich aufwacht. Auch die regelmäßige abendliche Einnahme von Cholinbitartrat, wie es in gewissen (nicht allen) Vitamin B-Komplex-Präparaten zu finden ist, kann unterstützend wirken. Es versteht sich von selbst, dass man beim Training nicht zu spät zu Bett geht. Das Licht sollte zwischen 10 und 11 Uhr gelöscht werden, denn wir brauchen Schlaf, um am frühen Morgen ein genügend ausgeruhtes Hirn zu haben, das einen luziden Traum produzieren kann.

Realitätschecks

Der deutsche Klartraumpionier Paul Tholey[81] hat folgendes Training vorgeschlagen, das auch von den tibetischen Traumyogis benutzt wird: Täglich soll sich der Übende 5 bis 10 Mal fragen, ob er wache oder träume. Dabei überprüft er dies mit ein paar einfachen Handlungen. Sich in die Haut kneifen ist nicht sinnvoll, denn das Hautempfinden kann im Traum genauso gut sein wie im Wachzustand. Doch kann man sich, wie Carlos Castaneda es empfohlen hat, die Hände anschauen. Im Traum sehen diese häufig recht sonderbar aus, und die Fingerzahl stimmt meist nicht, außerdem kann das Zählen Mühe bereiten. Es kann auch sein, dass man vorerst gar keine Hände sieht, obwohl man die Körperempfindung hat, die Hände vor das Gesicht gehoben zu haben. Ein weiterer Check, der immer zur Verfügung steht, ist das Zuhalten der Nase bei gleichzeitig geschlossenem Mund. Kann man dann immer noch atmen, so ist man im Traum. Ein einfacher Realitätscheck ist auch, ca. 50 cm über dem Boden zu schweben. Hier ist zu erwähnen, dass das im Traum nicht immer gelingt, weshalb es kein zuverlässiger Realitätscheck ist. Nicht zu empfehlen ist es, sich in diesem Zusammenhang aus dem Fenster oder über eine Klippe zu werfen. Man kann auch, wenn in der Traumumgebung vorhanden, ein paar Wörter lesen, kurz wegschauen und dann die Wörter wieder lesen. Sind diese nicht lesbar oder steht beim zweiten Mal etwas anderes da, so ist es ein Traum.

Diese täglichen Realitätschecks führen zu einer grundlegenden Infragestellung der erlebten Realität, was im Traum zur Erkenntnis führen kann, dass man träumt. Mir haben sie auch geholfen, mich am Tag emotional nicht so stark in Probleme hineinziehen zu lassen, was durchaus hilfreich sein kann. Die Checks werden am Abend und im WBTB vor dem Einschlafen mit geeigneten Suggestionen verbunden, wie z.B. abends: „Heute Nacht wache ich nach vier Stunden auf und erinnere mich an einen Traum. Ich werde meinen Schlaf für eine gewisse Zeit unterbrechen, um dann weiter zu schlafen." Nach dem WBTB zusätzlich: „Ich werde einen luziden Traum haben, in dem ich mir bewusst bin, dass ich Träume. Im luziden Traum werde ich meine Hände anschauen" usw. Es ist wichtig, sich für den luziden Traum ein Ziel zu setzen, weil man sonst eventuell im Traum luzide wird, damit aber nichts anzufangen weiß und daher sofort aufwacht oder in einen normalen Traum versinkt.

MILD

(= mnemonic induced lucid dreaming) Stephen LaBerge[82], der amerikanische Klartraumpionier, empfiehlt diese Methode: Im WBTB rekapituliert man seinen soeben aufgeschriebenen Trübtraum und stellt fest, wo es so genannte Traumzeichen gibt. Das sind Traumereignisse, die so nur im Traum geschehen können. Meist sind es unlogische, unübliche, ungehörige und widersinnige Ereignisse. Hat man diese gefunden, so stellt man sich in seiner Imagination vor, wie man den Traum nochmals erlebt, bei dem Traumzeichen aber luzide wird und erkennt, dass man in einem Traum ist. Sodann stellt man sich vor, dass man das ausführt, was man sich vorgenommen hat, z.B. die Hände anschauen. Wenn man sich nach dem WBTB wieder zum Schlafen hinlegt, ist es sinnvoll, diesen Traumverlauf noch einige Male imaginativ durchzugehen, um dabei langsam einzuschlafen. Es versteht sich von selbst, dass man nicht zu stur bei der Imagination bleiben soll, sonst kann man nicht einschlafen. Auch MILD kann man mit Suggestionen ergänzen.

WILD

(= wake induced lucid dreaming) Diese Technik wird sowohl von Tholey als auch von LaBerge besprochen. Jane Roberts und Seth[83] nennen diesen Vorgang Projektion des Bewusstseins aus dem Wachzustand oder aus dem Zustand, den sie psychologische Zeit nennen und der einem entspannten Trancezustand entspricht. Bei den Okkultisten früherer Zeit sprach man von Astralprojektion, und heute wird auch der Begriff „out of body experience (oobe)"[84] verwendet. Eigentlich ist es eine ganze Gruppe von Techniken. Sie werden am besten nach dem WBTB geübt, denn am Abend sinkt man nach dem Einschlafen meist sofort in den Tiefschlaf. Es sind schwierige Techniken und für den Anfänger nicht unbedingt geeignet. Sie sind aber auch die Erfolgversprechendsten, wenn man sie meistert. Die ausgedehntesten luziden Abenteuer gelingen meist mit diesen Techniken. Bei ihnen geht es darum, bewusst einzuschlafen und sein Bewusstsein vom Körper zu lösen und in die Traumwelt zu transferieren. Dazu gibt es verschiedene Methoden, die ich nur antönen werde: Man kann beim Einschlafen auf Hundert zählen und nach jeder Zahl „ich träume" einfügen. Bei 100 angelangt, beginnt man wieder von vorne. Wer hypnagoge Muster und Bilder beim Einschlafen hat, kann sich auf diese fokussieren, und wenn sich ganze Szenen entwickeln, kann er sich dort hineinprojizieren. Man kann auch bei Taubheit des Körpers sein Bewusstsein hinausschaukeln, oder in ein anderes Zimmer projizieren, beispielsweise in die Küche. Eine altbekannte Technik, die von den Okkultisten früher benutzt wurde, ist die Spiegeltechnik. Man setzt sich vor einen Spiegel und versetzt sich in sein Spiegelbild. Gelingt das, ist man aus dem Körper draußen und im Traumkörper drinnen.

Wie aus der Schilderung ersichtlich, wird bei diesen Techniken gelegentlich, nicht immer, eine „außerkörperliche Erfahrung" ausgelöst, bei der man erlebt, wie sich das Bewusstsein vom Körper löst. Dabei können wiederum Energiephänomene auftreten, wie beispielsweise ein Summen, Klingeln, Vibrieren, Tosen oder Schütteln. Diese können mitunter heftig sein. Gelegentlich wird auch eine Lähmung des physischen Körpers erfahren, ein Zustand, in den der Körper in der REM-Phase natürlicherweise fällt. Diese so genannte Schlafstarre kann erschreckend sein, wenn man sie bewusst wahrnimmt.

Die Schlafstarre

Es gibt Leute, die sich gelegentlich in der Nacht beim Aufwachen in dieser Schlafstarre befinden und zudem eine Präsenz in ihrer Nähe verspüren oder gar ein sehr realistisches Ungeheuer sehen. Johann Heinrich Füssli hat zu diesem Thema ein sehr berühmtes Bild gemalt, das er „die Nachtmahr"[85] nannte. Dieses Ungeheuer könnte die halluzinatorische Kontextualisierung der eigenen Angst sein. Gelingt es diesen Leuten, ihren Schrecken zu überwinden, ist es für sie leicht, eine außerkörperliche Erfahrung herbeizuführen. Meist wissen sie aber nicht um diese Möglichkeit und um die Gefahrlosigkeit ihres Zustands – ein weiteres Versäumnis unserer Kultur, in der solches Wissen nicht zum Allgemeinwissen gehört und in welcher deshalb solche Erfahrungen gleich pathologisiert werden, was die subjektive Angst verstärkt.

Für den Einsteiger empfehle ich deshalb eher die Realitätschecks und MILD. Sie führen dazu, dass man auf sanfte Weise plötzlich im Traumzustand luzide wird. Bewusstseinsprojektionen können auch in diesem Zustand durch bloße Absicht ausgelöst werden, wie mein ausführlicher besprochenes Beispiel weiter oben zeigt.

Dies hier ist nur eine grundlegende Einführung in dieses Thema. Die Beschreibung, was man in diesem Zustand alles machen kann, würde diesen Rahmen sprengen. Doch möchte ich hier auf das vorausgehende Kapitel mit den Traumspielen hinweisen. Was dort in Bezug auf die Imagination angeregt wurde, gilt auch für den luziden Traum. Wer sich in dieses Thema vertiefen möchte, dem empfehle ich das Buch „Schöpferisch Träumen“ von Paul Tholey. Ich habe außerdem eine Internetseite erstellt, indem einige wichtige und ausführliche Artikel[86] von ihm zum Thema abgerufen werden können. Für diejenigen, die Englisch lesen, empfehle ich das Buch „Lucid Dreaming“[87] von Robert Waggoner. Natürlich sind auch alle Bücher von Stephen LaBerge empfehlenswert, eines wurde sogar auf Deutsch übersetzt, ist aber nur noch antiquarisch lieferbar. Für Freunde der Philosophie von Seth, der verstreut über sein ganzes Werk vieles über Träume und Projektion des Bewusstseins gesagt hat, ist das zusammenfassende Buch von Els van Es mit dem Titel „Multiple Welten, Komplexes Sein“[89] zu empfehlen, in welchem zwei Kapitel diesen Themen gewidmet sind. Auch das im Seth-Verlag auf Deutsch übersetzte „Seth, Träume und Projektionen des Bewusstseins“[90] behandelt dieses Thema prominent und ausführlich.

KAPITEL 9

GEMEINSAMES TRÄUMEN

Nun, eure Träume sind nicht nur individuell und für euch individuell wichtig; soweit es die Klasse betrifft, gibt es eine Massengestalt, in welcher eure individuellen Träume eine weit größere Bedeutung haben (…).

—Seth, *Im Dialog mit Seth*, Bd. 2, Kapitel 1

Wir halten unsere Träume für etwas sehr Persönliches, Individuelles und Privates, und dies mit einer gewissen Berechtigung. Doch unsere individuelle Traumwelt ist nicht so abgeschieden, wie wir uns das vorstellen. Im Wachzustand identifizieren wir uns mit unserem Körper und halten uns deshalb für eine genau definierte Persönlichkeit, die an der Grenze der Haut endet. Natürlich ist dem nicht so, denn wir stehen körperlich in einem regen Austausch mit unserer Umwelt, in erster Linie durch unsere Atmung, unsere Nahrungsaufnahme und unsere Ausscheidung, aber auch durch die Sinnesorgane und die Haut, welche wir für unsere Grenze halten. Diese ist in Wahrheit eine Membrane, durch die ein Austausch mit der Umgebung stattfindet.

Individueller und kollektiver Aspekt der Träume

Auf der mentalen Ebene sind wir noch viel mehr mit unserer Umwelt verflochten. Unsere psychische Prägung ist einerseits durch unsere Biologie, andererseits durch den regen Austausch in der Kindheit mit der Welt der Erwachsenen geprägt. Dadurch sind wir mental ein Teil unserer Familie und unserer Kultur. Wir teilen mit unseren Mitmenschen viele Erfahrungen und sind durch die materialistische Kultur konditioniert, in die wir hineingewachsen sind. Wir schauen dieselben Fernsehsendungen, werden durch dieselbe Werbung verführt und nehmen an denselben Modeströmungen, Gesellschaftstrends und politischen Entwicklungen teil. Das spiegelt sich auch in unseren Träumen, die durch dieses mentale Setting geprägt werden. So haben die Träume auch einen kollektiven Aspekt, der aber bisher wenig beachtet wurde.

In unserer Kultur verstand man bisher die Träume als individuelles und privates Ereignis. Dadurch, dass Träume vor allem in der tiefenpsychologischen Psychotherapie eine Rolle spielten, wurde nur dieser individuelle Aspekt beachtet. Unglücklicherweise wurde der Traum dadurch vor allem mit mentalen Erkrankungen und mit psychischem Leiden in Zusammenhang gebracht. Dass auch gesunde Leute träumen, war wohl bekannt, doch spielte das keine Rolle. Am besten, man vergisst am Morgen die seltsamen Ereignisse der Nacht sofort, denn sie haben keine Bedeutung. Doch Calvin Hall und Robert van de Castle entwickelten eine Methode, um Trauminhalte statistisch vergleichbar zu machen[91]. Sie waren Pioniere in der Erforschung des kollektiven Aspekts der Träume und untersuchten gesunde Menschen dahingehend, wovon diese hauptsächlich träumten, inwiefern sich Frauenträume von Männerträumen unterscheiden usw. Sie begründeten eine Tradition der Traumforschung, die bis heute fortlebt und beispielsweise von der nun emeritierten Inge Strauch[92] in Zürich und von Michael Schredl[93] in Mannheim fortgesetzt wird.

Ich persönlich wurde durch die Teilnahme an einer Sufi-Gruppe in London auf den kollektiven Aspekt der Träume aufmerksam. Durch meine regelmäßige Teilnahme an dieser Gruppe begann ich auch von unseren Treffen zu träumen, was ja nicht weiter verwunderlich ist. Interessant wurde es jedoch, als ich den Eindruck erhielt, dass diese nächtliche Sufi-Gruppe in der Traumwelt eine gewisse Eigenständigkeit entwickelte und nicht einfach etwas verzerrt die Gruppe aus dem Wachleben wiederspiegelte. Es war, als ob wir uns nicht nur im Wachleben trafen, sondern auch in der Traumwelt. Unsere Lehrerin meinte dazu jeweils lakonisch: „We meet in the night." In derselben Zeit las ich das Seth-Material und damit auch die englische Originalausgabe von Susan Watkins Buch über die Ereignisse in der Seth-Klasse[94]. Darin war ein Kapitel dem Traumleben der Klassenteilnehmer gewidmet, das einerseits individuell geprägt war, aber auch interessante Übereinstimmungen zeigte. Auch Seth betonte, dass die Klasse nicht nur im Wachleben stattfand, sondern ebenso in der Traumwelt. Wegen meiner persönlichen Erfahrung in einer kulturell recht unterschiedlichen mystischen Tradition fielen seine diesbezüglichen Aussagen bei mir auf eine spezielle Resonanz und gewannen für mich an Plausibilität.

Susan Watkins' Experimente mit kollektiven Träumen

Susan Watkins, eine Schülerin jener Seth-Klasse, war dann auch eine der ersten Autorinnen in der neueren Zeit, die dem kollektiven Aspekt der Träume in ihrem Buch „Dreaming Myself, Dreaming a Town"[95] eine prominente Rolle zuschrieb. Sie untersuchte darin, wie sich die Träume der Einwohner des kleinen Städtchens Dundee im Staate New York miteinander verwoben. Dundee hatte damals ca. 1600 Einwohner. Susan Watkins arbeitete unter anderem als Journalistin bei der lokalen Zeitung. Sie forderte in einem Artikel die Einwohner von Dundee auf, ihre Träume aufzuschreiben und ihr zu schicken. Der Ort war so klein, dass sich praktisch alle Leute mehr oder weniger kannten. Laut ihrem Bericht nahmen etwa 20 Träumer an ihrem Projekt teil und sandten ihr Träume. Die interessantesten Berichte erhielt sie aber mündlich und im Vertrauen. Dabei ergab sich, dass die Träume der Einwohner eindrückliche Querbezüge aufwiesen. So möchte ich eine Episode aus ihrem Buch wiedergeben:[96]

Susan Watkins träumte von einem Artikel über eine Tiefseeexpedition in einem bebilderten Magazin. Sie las darin, dass mit Röntgenstrahlen von einem Tauchboot der Meeresgrund des Atlantiks untersucht wurde, wobei eine versunkene Stadt in einem Canyon unter Wasser entdeckt wurde. Sie sah dabei, wie sich die Tauchglocke in der Tiefsee zwischen den Felsen, Riffen und Höhlen bewegte. Die Stadt war sehr tief unten in einer bodenlosen und zeitlosen Tiefe im eiskalten Wasser. Am nächsten Tag sah sie in der Morgenpost die Wochenendausgabe des *NewYorkers*, in dem ein Artikel abgedruckt war, der den Titel "Annalen einer früheren Welt" trug und das Thema der atlantischen Küstenplatten Amerikas behandelte. War das ein präkognitiver Traum, oder hatte die Autorin da etwas von jemand anderem aufgelesen?

Am übernächsten Tag vernahm sie, dass ein Bewohner ihres kleinen Dorfes im nahegelegenen Seneca-See ertrunken war. Leider wurde sein Körper nicht mehr gefunden, da der See sehr tief und kalt ist. In ihm gibt es unberechenbare Strömungen und tief gelegene Canyons und Höhlen. Der Dörfler war mit Freunden auf einem Segelschiff morgens früh um 2 Uhr, als es geschah. Es war eine dunkle neblige Nacht, und er glitt auf dem glitschigen Deck aus. Er konnte nicht schwimmen und hatte keine Schwimmweste an. Offensichtlich schloss sich das Wasser über ihm beinahe geräuschlos. Er schrie nicht und kam auch nicht mehr hoch.

Am Tag darauf erzählte ihr ein Bekannter aus dem Dorf einen weiteren Traum, den er in der Nacht vor dem tragischen Ereignis hatte: Er träumte von einem großen dunklen Ruderboot in der Garage neben dem Haus seines Vaters. Es war nachts und still, der ganze Traum war völlig geräuschlos. Dann begann das Boot auf eine Seite mehr und mehr zu krängen, bis es lautlos kippte und jemandes Arm brach.

Eine weitere Person aus dem Dorf träumte vor dem Unfall, dass sie in ihren Kleidern im Wasser eines Swimmingpools hinabsank, während sie zum rasch dahinschwindenden Licht über dem Wasser hinaufsah und eine umfassende Traurigkeit verspürte, alle irdischen Sachen hinter sich zu lassen. Eine andere träumte, dass sie im Nebel am Seneca-See stand und auf Freunde wartete, die von einem Bootsausflug zurückkehren sollten. Eine weitere Person hatte im Traum bloß das Gefühl von einem verhängnisvollen Desaster.

Auch hier zeigte sich, dass ein Ereignis von verschiedenen Träumern aufgenommen und in einen persönlichen Kontext gebracht wurde. Das Ereignis selber ist nicht direkt zu erkennen, doch wenn man die Träume wie ein Puzzle zusammensetzt, so erhält man ein Bild von den traurigen und beängstigenden Geschehnissen.

Nach dem Unfall hatten einige Leute Träume, die das schreckliche Ereignis verarbeiteten und in einen persönlichen Kontext setzten. Sie träumten z.B., dass der Verunfallte unter Wasser noch lebte und versuchte, durch die Gesteinsschichten und Unterwassergasfontänen emporzutauchen und Hilfe brauchte; dass er lebte und wieder durch die Dorfstraßen ging; oder dass er von den Behörden aufgehalten wurde, da er eine andere Identität angenommen hatte und nicht erkannt wurde.

Interessant war, dass die Träume, die mit dem Unfall zusammenhingen, auch im Kontext der individuellen Träumer zu sehen war. Dies traf vor allem auf die Träume in den Nächten nach dem Ereignis zu: Ein Mann wurde von seinem Traum in diesem Zusammenhang, den er vor dem Unfall hatte, besonders erregt, weil er selber nicht schwimmen konnte. Eine Frau, die einer religiösen Sekte soeben beigetreten war, sah den Verunfallten in einem späteren Traum aus dem Wasser steigen. Ein anderer Mann, der häufig Jobs wechselte und nie damit zufrieden war, träumte, dass der Verunfallte unter neuer Identität in einem anderen Dorf lebte. So werden also äußere Ereignisse individuell verarbeitet und in einen persönlichen Kontext gestellt. In diesem eindrücklichen Beispiel wird deutlich, wie der kollektive Aspekt mit individuellen Aspekten und sogar mit Psi-Aspekten zutiefst verwoben ist, so dass man diese kaum auseinander halten kann. Dies zeigt eine typische Eigenschaft des Traumes, der tiefenpsychologischen Psychotherapeuten wohl vertraut ist, nämlich, dass er auf verschiedenen Ebenen gedeutet werden kann.

Eigene Untersuchung

Susan Watkins' Buch veranlasste mich 2002 selber eine ähnliche Untersuchung durchzuführen, doch war mein Einzugsgebiet, das linke Zürichsee Ufer, wesentlich größer[97]. Ich schrieb in der Lokalzeitung einen Aufruf, dass sich Träumer melden sollten, die bereit waren, mir während zwei Monaten ihre Träume zu schicken. Das Experiment konnte in der Folge mit acht Teilnehmern durchgeführt werden. Auch da fand ich kollektive Übereinstimmungen, die einerseits auf das Setting der Untersuchung, andererseits aber auch auf unseren gemeinsamen kulturellen Hintergrund zurückzuführen waren. Aber auch ein Psi-Faktor wurde in einzelnen Träumen erkennbar. Es gab Übereinstimmungen, die nicht durch die beiden obenstehenden Faktoren erklärbar waren und die auf einen möglichen telepathischen Austausch zwischen den Mitgliedern dieser Gruppe hinwiesen. Wohlgemerkt, die Gruppenmitglieder kannten sich nicht, sie schickten mir bloß ihre Träume. Sie kannten auch mich nicht, ich kommunizierte nur sporadisch schriftlich mit ihnen. Ich erklärte ihnen das Experiment und sandte ihnen von Zeit zu Zeit eine Aufmunterung, um sie in ihrer Bemühung, mir Träume zu schicken, zu unterstützen.

Psi-Phänomene im Traum

Hier sei als Zwischenbemerkung eingefügt, dass die bekannten Untersuchungen, die Stanley Krippner, Montague Ullman und Alan Vaughan[98] am Maimonides Medical Center durchgeführt hatten, zeigten, dass der Zustand des Träumens telepathische und präkognitive Wahrnehmungen unterstützt. Das wirft ein interessantes Licht auf das träumende Bewusstsein, das nicht so klar abgegrenzt ist wie das Wachbewusstsein und deshalb leichter Verbindungen mit anderem Bewusstsein eingeht. Deshalb ist unter anderem die Untersuchung von gemeinsamen Träumen so interessant, da man solchen Phänomenen auf die Spur kommen kann.

Noch eine Zwischenbemerkung möchte ich einfügen: Ernest Hartmann, den ich schon mehrmals in Bezug auf die Kontextualisierung von abstrakten Themen und Gefühlstönungen in konkreten Traumszenerien erwähnt habe, hat ein zweites Konzept formuliert und untersucht, das interessante Erklärungsmöglichkeiten im Bereich des Traumes ergeben. Es ist das Konzept der psychischen Grenzen (boundaries). Er beschreibt Menschen, die dünne Grenzen haben und sehr offen und durchlässig für ihre Umwelt, aber auch für ihre Träume sind, sowie Menschen mit dicken Grenzen, die sehr abgegrenzt und weniger sensibel sind.

Diejenigen, die dünne Grenzen haben, erinnern sich

leichter an Träume als jene mit dicken Grenzen. Außerdem sind die Grenzen im Traumzustand generell dünner als im Wachzustand, da wir uns weniger auf etwas konzentrieren und damit nicht alles andere ausschließen können. Die kritischen und beurteilenden Fähigkeiten sind im Traum weniger ausgeprägt, weshalb wir offener sind und vorurteilslos alles auf uns einströmen lassen, auch das, was wir sonst ablehnen würden. Das würde aber erklären, warum Psi-Phänomene im Traum leichter auftreten.

Verwobene Träume – Begegnungsträume

Doch zurück zu den gemeinsamen Träumen: Sowohl die Beispiele in Susan Watkins' Buch als auch das, was ich bei meinem Experiment herausfand, würde Linda Magalòn als verwobene Träume (meshing dreams) bezeichnen. Sie hat in neuerer Zeit ein Buch mit dem Titel „Mutual Dreaming"[99] geschrieben, das erste, das ganz dem Thema des gemeinsamen Träumens gewidmet ist. Neben den verwobenen Träumen beschreibt sie in diesem Buch auch Träume, in denen sich Träumer treffen und nachher im Wachzustand übereinstimmende Erfahrungen berichten können. Sie nennt dies Begegnungsträume (meeting dreams) und hat diese durch verblüffende Beispiele illustriert. Doch in diesem Rahmen möchte ich von einem träumerischen Vorfall berichten, den James Donahoe in seinem Buch beschreibt. Es handelt sich dabei offensichtlich um recht versierte luzide Träumer, die sich im Traum trafen:

Träumer A: Ich war im Traum gerade von einem Berg heruntergekommen, als ich vor einem kleinen Haus Pam traf. Wir gingen hinein und setzten uns neben einige andere Leute auf den hölzernen Fußboden. Ich wusste, dass ich träumte, und schloss aus einem stärker werdenden Müdigkeitsgefühl, dass ich bald aufwachen würde. Vor dem Aufwachen wollte ich mit meiner Luzidität etwas tun und bat die Gruppe deshalb zu beobachten, wie ich bewusst den Traumzustand verlassen würde. Dann weckte ich mich auf.

Träumerin B: Meine Erinnerung an den Traum beginnt damit, dass ich am Fuße eines Berges auf Jim warte. Dann wechselt die Szene und ich sitze mit einer Gruppe Menschen in einem Haus auf dem Fußboden. Einer in der Gruppe begann zu verschwinden und sagte dabei, wir sollten ihn beobachten, denn er sei müde und würde den Traumzustand verlassen. Sein Bild wurde immer dunkler, bis schließlich nur noch ein Loch da war. Ich dachte an die schwarzen Löcher im Kosmos und an die Theorie, dass sie Pforten zu einer anderen Dimension seien. Ich wusste, er war hindurchgegangen in den Wachzustand. Dann wachte ich auf.

Bei diesen beiden Träumen, die einige zentrale Elemente gemeinsam haben, die darauf schließen lassen, dass sie eine Beschreibung desselben Ereignisses aus der Sicht des jeweiligen Träumers sind, ist doch zu erkennen, dass es auch Unterschiede gibt. So kann sich die Träumerin B nicht erinnern, wie sie vom Fuße eines Berges ins Haus hineinkam, während Träumer A den Weg von draußen nach drinnen beschreibt und zu erkennen ist, dass das Haus am Fuße des Berges steht. Auch erkennt sie die Leute in der Gruppe nicht. Dies demonstriert deutlich, dass die Erinnerung an einen gemeinsamen Traum mehr oder weniger stark übereinstimmen kann. Es ist anzunehmen, dass in luziden Träumen die Übereinstimmung größer ist als in normalen Träumen, da in letzteren Eigenproduktionen, die durch Motive und Erwartungen aus dem Unbewussten des Träumers stammen, überlagert und verzerrt werden können. Dieses Beispiel gibt aber doch einen recht verblüffenden Hinweis darauf, dass die beiden Träumer offensichtlich nicht einsam in ihrer halluzinatorischen Traumblase waren, sondern dass sie sich trafen oder zumindest ein Austausch von szenischen Informationen stattfand. Wenn das gemeinsame Träumen in Zukunft systematischer untersucht wird, dürfte erkennbar werden, dass wir im Traum nicht in unserer Privatwelt eingeschlossen sind, sondern dass, ähnlich wie im Wachzustand, so etwas wie eine Konsensrealität existiert, die mehr oder weniger stark von persönlichen halluzinatorischen Interpretationen überlagert sein kann. Bevor wir aber dort anlangen, müssen einige hartnäckige materialistische kultur- und wissenschaftsbedingte Vorurteile überwunden werden.

Ursachen der gemeinsamen Träume

Doch das Thema des gemeinsamen Träumens kann mit Spaß und Gewinn in privatem Rahmen untersucht werden. Es braucht dafür keine harten wissenschaftlichen Beweise. Wenn man seine Träume mit denjenigen anderer Leute vergleicht, werden gelegentlich interessante Übereinstimmungen erkennbar, die verschiedene Ursachen haben können:

- Sie können durch gemeinsame Erlebnisse am Tag hervorgerufen werden. Familienmitglieder, Arbeitskollegen und enge Freunde werden wohl einige solcher Übereinstimmungen haben.

- Sie können durch eine gemeinsame Kultur, ein gemeinsames Weltbild oder gemeinsame Überzeugungen entstehen.

- Sie können durch telepathische oder präkognitive Informationen im Traum erzeugt werden.

Es liegt in der Natur der Träume, dass oft alle drei Elemente miteinander auftreten können, was die Zuordnung der Ursachen nicht unbedingt erleichtert. Doch kann die private Erforschung der gemeinsamen Träume einen Aspekt der Traumwelt aufzeigen, der bisher höchstens theoretisch in unser Bewusstsein gedrungen ist. Das luzide Träumen ist diesbezüglich ein Vorteil, da man bewusst gemeinsame Traumexkursionen unternehmen kann, die nachher im Wachzustand überprüft werden können.

Praktische Hinweise

Es gibt grundsätzlich zwei Möglichkeiten, wie man gemeinsamen Träumen auf die Spur kommt:

- Erstens, indem man einfach am Frühstückstisch über seine Träume spricht. Es ist auch von Vorteil, wenn man die Träume aufschreibt, da man auch ältere Träume miteinander vergleichen kann. Es können nicht nur Träume aus derselben Nacht untersucht werden.

- Zweitens gibt es die Möglichkeit, sich gemeinsam mittels Trauminkubation oder mit luziden Träumen ein Ziel im Traum zu setzen, z.B. sich an einem Ort zu treffen oder gemeinsam eine Aktivität zu unternehmen. Solche Experimente können auch mit Vorteil mit Bekannten und Freunden durchgeführt werden, die wir nur selten treffen, da es heute die Möglichkeit gibt, per E-Mail über große Distanzen schnell und einfach zu kommunizieren. Es gibt heute vor allem im englischsprachigen Raum Online-Traumgruppen, die solche Experimente durchführen. Erwähnt sei hier die online *Psiberdreaming Conference*, die jährlich im Herbst von der *International Association for the Studies of Dreams* (IASD)[100] veranstaltet wird. Auch die Bücher von der Traumgruppen-Pionierin Jean Campbell[101], die schon in den 70er Jahren Experimente mit gemeinsamen Träumen machte, berichten ausgiebig von solchen Experimenten.

KAPITEL 10

TRÄUME DEUTEN

Oft ist die scheinbare Bedeutungslosigkeit der Träume das Ergebnis eurer eigenen Unwissenheit in Bezug auf die Symbolik und die Organisation der Träume. Ihr könnt beispielsweise auch »offenbarendes« Material falsch auslegen, da ihr es von eurer normalen bewussten Sicht der Dinge aus zu ordnen versucht.

—Seth, *Die Natur der Psyche*, Sitzung 764

Aus einer scheinbar unendlichen Anzahl von Möglichkeiten trifft unser individueller Träumer mit großer Sorgfalt eine Auswahl, indem er sich nur für jene Objekte oder Symbole entscheidet, die für ihn über eine Bedeutung verfügen – und jene Traumobjekte wählt, die seinen Absichten am besten dienen können. Und sogar ein einfacher Traum, von dem es scheint, als ob er sich mit trivialen täglichen Geschehnissen beschäftigt, hat in Wirklichkeit mit weit mehr zu tun.

—Seth, *Die frühen Sitzungen*, Sitzung 92

Träume entstammen also verschiedenen Schichten dessen, was ihr das Unterbewusstsein nennt. Aber trotzdem hat in der Regel jeder einzelne Traum für alle Schichten Bedeutung, obwohl er seinen Ursprung auf nur einer bestimmten Schicht hat. Es kann jedoch gut sein, dass die Bedeutung eine andere ist. Der spezielle Traum kann also ein Mittel sein, verschiedene Dinge auszusagen oder unterschiedliche Botschaften zu übermitteln, indem der eine spezielle Traum automatisch von den diversen Schichten des Unterbewusstseins im Rahmen der Interpretation, die von jeglicher unterbewussten Schicht dem Traumsymbolismus gegeben wird, übersetzt wird.

—Seth, *Die frühen Sitzungen*, Sitzung 93

Weil ihr euch jedoch nur an vage Eindrücke und unzusammenhängende Episoden erinnern könnt, erscheinen euch Träume manchmal als chaotisch oder bedeutungslos; dies gilt vor allem für das Ego, das rigoros viele der Informationen zensiert, die das Unterbewusstsein aufbewahrt. Für die meisten Menschen ist dieser Zensurprozess wertvoll, denn er verhindert, dass die Persönlichkeit von Informationen überschüttet wird, mit denen sie nicht umgehen kann, weil sie nicht entsprechend ausgerüstet ist. Die Fähigkeit, Erfahrungen zu behalten, die innerhalb anderer Felder erworben wurden, ist die Richtung der weiteren Entwicklung.

—Seth, *Die frühen Sitzungen*, Sitzung 149

Hier (in den Träumen) werdet ihr Anhaltspunkte für viele eurer eigenen bewussten Probleme finden. Hier werdet ihr durch Studium und durch Aufmerksamkeit Informationen über eure früheren Leben finden, mit denen das Ego nicht vertraut ist. Durch die Träume kommuniziert das Selbst mit dem Selbst und mit allen Schichten des Selbst. Denn das Selbst ist kein einzelnes konkretes Ding. Das Selbst hat keine Grenzen, das Selbst ist nicht eingeschränkt.

—Seth, *Die frühen Sitzungen*, Sitzung 162

So, jetzt kommen wir endlich zur Traumdeutung. Ich habe dieses Thema extra nach hinten verschoben, damit der Leser vorerst von der Bedeutung der Träume weggeführt wird und sich grundsätzlichere Gedanken über diese und deren Funktionsweise machen kann. Der in unserer europäischen Kultur seit Freud und Jung konditionierte und fest verwurzelte Reflex, nach der Bedeutung zu fragen, sollte durchbrochen werden. Dabei haben wir gesehen, dass man Träume verstehen und sinnvoll damit umgehen kann, ohne dass man sie interpretiert. Wir haben sogar eine erste Ahnung erhascht, wie Träume funktionieren und warum sie es so und nicht auf eine andere Weise tun. Erwähnt sei die Assoziation als wesentliches strukturierendes Element in der Traumwelt und das Traum-Ich, das die Richtungen der Assoziationen wesentlich mitbestimmt. Doch wir haben auch gesehen, dass diese Faktoren nicht die einzigen ausschlaggebenden sind.

Die weiteren wesenhaften und kollektiven menschlichen Umfelder, die nicht unmittelbar zum Traum-Ich gehören, geben ebenfalls richtungsweisende Impulse, welche die Träume beeinflussen. Schließlich muss ich aber zugeben, dass wir noch lange nicht alle Faktoren erkennen können, welche die Träume gestalten.

Weiter haben wir gesehen, dass sowohl körperliche Empfindungen während des Schlafes als auch an sich abstrakte psychische Motive, wie zum Beispiel ein Autoritätskonflikt im Traum, in eine erlebte Geschichte umgesetzt werden. Wir haben dabei den Begriff der Kontextualisierung verwendet. Diese Kontextualisierung ist eine Übersetzung von Empfindungen, Erinnerungen, Gefühlen und anderen psychischen Motive in, sagen wir mal, pseudomaterielle Erfahrungen. Es ist ein schöpferischer Prozess der halluzinatorischen Charakter hat. Dabei werden Personen und Gegenstände verwendet, die uns aus unserer Wachrealität bekannt und vertraut sind, denn der uns bekannte Geist ist durch seine Erfahrungen in der Wachrealität geprägt. Er versteht also diese Sprache. Doch diese bekannten Elemente werden durch den „Traumregisseur“ auf ganz eigene Weise arrangiert, um ein zugrunde liegendes Motiv zu inszenieren.

Die Anthroposophie und die Traumdeutung

Hier möchte ich erwähnen, dass Rudolf Steiner[102] als einer der Ersten die Idee des Traumregisseurs aufgegriffen hat. Die Anthroposophen unterscheiden bei der Traumdeutung zwischen dem „Gedächtnisträger“, der die Elemente des Traumes beisteuert, und dem Dramaturgen, der diese Elemente arrangiert. Um einen Traum besser zu verstehen, untersuchen sie den Handlungsablauf und die Stimmung, die er erzeugt, um dessen Dramaturgie zu erkennen und bleiben nicht bei der Deutung einzelner Symbole stecken. Diese Art der Traumdeutung unterscheidet sich wesentlich von der Freud'schen Psychoanalyse, und es ist deshalb nicht verwunderlich, dass die Anthroposophen die Psychoanalyse ablehnen und kritisieren.

Freud und die Traumdeutung

Freud[103] postulierte, dass im Traum eine Zensur walte, die verhindere, dass verpönte Wünsche im Traum ausgedrückt würden. Deshalb widerspiegle der manifeste Traum keineswegs den dahinter liegenden Traumgedanken. Der manifeste Traum sei deshalb eine Verstellung, die dadurch bewerkstelligt werde, dass Sachverhalte durch die so genannte Verschiebung mit anderen Sachverhalten dargestellt werden. Da er auch postulierte, dass die Sexualität die Triebfeder allen Lebens sei, suchte er überall nach hintergründigen sexuellen Motiven. So wurde aus einem Stecken, aus einem Zug oder aus einer Zigarette ein Phallussymbol, und jeder Traum wurde auf hintergründige sexuelle Motive untersucht. Mit der Lehre von der Zensur und von der Verschiebung konnte man nachweisen, dass in der Tat immer ein sexuelles Motiv im Traum zu finden ist. Freud war zweifellos ein Kind seiner Zeit und der falschen Prüderie, die damals herrschte.

Diskriminierendes und assoziatives Denken

Seine Traumlehre wurde aber schon damals stark in Frage gestellt. C.G. Jung[104] und später auch Medard Boss[105] hielten ihm entgegen, dass der Traum das latente Motiv nicht verstelle, sondern auf die beste mögliche Weise offenbare. Ich denke, dass eine Zensur, wie Freud sie postulierte, im Traum gar nicht möglich ist, denn für eine Zensur braucht es Konzentration, Diskriminations- oder Unterscheidungsvermögen und die Fähigkeit, psychische Tendenzen zu unterdrücken. Beides scheint mir im Traumzustand kaum vorhanden zu sein. Im Gegenteil haben wir ja im Kapitel zum träumenden Bewusstsein gesehen, dass im Traum der Fokus entspannt und offen ist und dass assoziative Vorgänge den Traum strukturieren. Gerade im Traum können sich psychische Tendenzen ungehindert ausdrücken, was manchmal zu recht chaotischen Traumverläufen führt. Im (nicht luziden) Traum ist es kaum möglich, konzentriert, kritisch und schlussfolgernd zu denken, im Wachzustand aber schon. Im Tagesbewusstsein gibt es eine Zensur, die uns hilft, Wichtiges von Unwichtigen zu unterscheiden und Unpassendes oder Unangenehmes zu unterdrücken. Am Tag können wir analytisch und schlussfolgernd denken und ein Vorhaben über eine längere Zeit zielsicher und mit bewusster Absicht ausführen. Im Traum sind wir eher der Spielball der ungehindert wirkenden, aktuellen psychischen Tendenzen.

Der Übergang vom Träumen zum Wachen

Nun sei aber darauf hingewiesen, dass beim Aufwachen und dem einsetzenden kritischen und linearen Denken eine Zensur einsetzen kann. Wir haben im Kapitel der Traumerinnerung gesehen, dass es nicht ganz einfach ist, den Traum zu erinnern, gerade weil der Traum in einem anderen Bewusstseinsmodus stattfindet, in dem parallele Ereignisse, solche die sich kaleidoskopisch verwandeln, sowie assoziative Handlungsverläufe auftreten können. Beim Aufwachen und Aufschreiben sind wir aber gezwungen, diese komplexen Handlungsmuster in eine lineare Geschichte zu bringen. Dabei findet oft eine Auswahl statt. Das, was uns unlogisch oder unsinnig erscheint, aber auch das, was uns unangenehm ist, vergessen wir leicht, denn unser erwachender Geist beurteilt, was Sinn macht, und der wurde durch einen langwierigen kulturellen und schulischen Prozess konditioniert. Alles, was diesem nicht entspricht, wird ausgeschieden. Unsere rational wissenschaftliche Kultur beruht auf diesem selektiven und linear zielführenden Denken, wohingegen das assoziative sprunghafte Denken eher als primitiv angesehen wird. Es ist also eine Kunst, einen Traum mit dem wachen Bewusstsein möglichst umfassend zu erfassen. Es braucht Übung und eine nicht wertende Haltung, bei der man bereit ist, auch Unsinniges und Ungehöriges zu notieren.

Praktische Schritte bei der Traumdeutung

Nach diesem eher allgemein gehaltenen theoretischen Teil möchte ich nun zum praktischen Teil übergehen.

Wie deute ich also einen Traum? Die Traumdeutung ist im Prinzip die Umkehrung der Kontextualisierung. Wir schälen die zugrunde liegenden Motive aus der konkreten Handlung heraus. Wie im Theater oder Kino können wir uns also fragen, was wollte uns der Regisseur damit sagen?

- So ist der erste Schritt, das Wesentliche im Handlungsablauf zu erkennen und von der konkreten Situation zu abstrahieren. Wir deuten also vorerst keine Symbole, sondern untersuchen die Traumhandlung, das, was geschieht.

- Dann überlegen wir uns in einem weiteren Schritt, was für Gefühle im Traum ausgedrückt werden, auch wenn kein unmittelbarer Gefühlstonus erkennbar ist. Denn wie wir gesehen haben, werden Gefühle im Traum oft kontextualisiert, also in der Szenerie und im Handlungsablauf dargestellt.

- Weiter ist zu beachten, wie die Erwartungen und Erinnerungen des Traum-Ichs den Verlauf des Traumes beeinflussen. Inwiefern führt beispielsweise eine ängstliche Haltung des Traum-Ichs zu einem negativen Verlauf des Traumes?

- Erst dann gehen wir zur eigentlichen Symbolik über, indem wir uns überlegen, was für uns die einzelnen Objekte im Traum bedeuten.

Vom Umgang mit Symbolen

Zu den Traumsymbolen ist Folgendes zu sagen: Einige Symbole haben eine allgemeine Bedeutung und eine persönliche Bedeutung. Andere Symbole haben nur eine persönliche Bedeutung. Insbesondere Symbole, die mit dem persönlichen Erinnerungsschatz des Träumers zusammenhängen, gehören zu dieser Kategorie. Zu denken ist in erster Linie an Personen aus dem persönlichen Bekanntenkreis. Die meisten anderen Symbole haben aber eine allgemeine, sowie eine persönliche Bedeutung. Zu denken ist hier zum Beispiel an ein Auto, ein Haus, einen Polizisten, eine Verkäuferin usw. Nun ist es aber wichtig zu bemerken, dass ein Symbol immer mehrdeutig ist. Je nachdem, in welchem Kontext ein Symbol eingebettet ist, ist es zu verstehen. Ein Polizist, der dem Träumer einen Strafzettel aufbrummt, hat eine andere Bedeutung als einer, der einem vor einem Verbrecher schützt. Zum Kontext gehört aber eben nicht nur der Traumkontext, sondern auch der Kontext, in dem der Träumer am Tag lebt. So ist es wichtig, sich bei einem Symbol zu fragen, was für persönliche Erfahrungen wir aus dem Wachleben damit verbinden und wie wir persönlich zu diesem Symbol eingestellt sind, beispielsweise zum Polizisten. Bei den Symbolen, die auch eine allgemeine Bedeutung haben, kann mit Gewinn in einem (Traum-)Symbollexikon nachgeschaut werden. Ich persönlich benutze ein Symbollexikon, das nicht spezifisch für die Traumdeutung bestimmt ist, sondern allgemein zur Interpretation von Kunstwerken in der Literatur, in der Malerei und in den Religionen, aber eben auch von Träumen herangezogen werden kann.

Traumsymbollexika

Natürlich gibt es heutzutage viele spezifische Traumsymbollexika. Oft bestehen die heute in Buchhandlungen angebotenen Traumbücher zur Hauptsache aus einem solchen Traumsymbollexikon. Wichtig bei diesen Werken ist zu beachten, ob eine psychologische Deutung gegeben wird, ob die Deutung plausibel ist und ob mehrere Bedeutungen für ein Symbol angegeben werden. Trifft eines der dreien nicht zu, so ist das Werk eher nicht geeignet. Prophetische Traumsymbollexika, die dem Leser Glück, Not und Probleme voraussagen, lehne ich ab. Also Wendungen wie: „Sie haben Glück in der Partnerschaft", „Sie werden heiraten", „Sie werden Geld verlieren" usw. haben meiner Meinung nach in einem Traumsymbollexikon nichts zu suchen. Ich persönlich möchte diese zwei Bücher empfehlen: Udo Beckers „Lexikon der Symbole"[106] und Ernst Aepplis „Der Traum und seine Deutung"[107]. Ein Traumsymbollexikon ersetzt allerdings nicht die eigene Interpretationsarbeit, denn der Träumer muss die einzelnen Symbole in den Kontext setzen, indem sie im Traum auftreten. Darum ist es wichtig, sich vorgängig über die Traumhandlung Gedanken zu machen. Diese ist das Herz des Traumes, und nicht die einzelnen Symbole.

Die Metapher

Da der Traum eher abstrakte psychologische Motive in eine konkrete Realität umsetzt, hat der Traum metaphorischen Charakter, der gelegentlich von gängigen Redewendungen abgeleitet ist, beispielsweise jemandem nachsteigen; ins Fettnäpfchen treten; zwischen Tür und Angel stehen; ins Schwimmen kommen; das hängt einem zum Hals heraus usw. Wenn dem Träumer also buchstäblich etwas zum Hals heraushängt, mag das auf den ersten Blick etwas befremdlich wirken, auf den zweiten Blick ist das aber ein verblüffend einfaches Symbol, um einen abstrakten Sachverhalt oder ein Gefühl darzustellen.

Die Grenzen der konventionellen Traumdeutung

Diese Art der Traumdeutung geht von der Voraussetzung aus, dass sich alle Träume auf den Alltag des Träumers, auf seine Erinnerungen und auf seine Erwartungen, also auf seine psychischen Strukturen, beziehen. Bei einigen Träumen ist das aber gar nicht so einfach, denn sie können auf diese Weise nicht befriedigend erklärt werden. Was machen wir mit den Träumen, in denen das Traum-Ich eine andere Identität hat als das wache Ich? Was ist mit Träumen, die überhaupt keine Elemente aus dem erlebten Erfahrungsschatz, allenfalls aber nur einen lockeren Bezug zu Literatur, Film und TV haben? Märchen und Science Fiction beispielsweise? Sicher kann gesagt werden, dass der Träumer eine persönliche Affinität zu diesen Themen hat, sonst würde er nicht davon träumen. Aber damit hat es sich dann auch schon. Hier vermute ich, dass der Träumer seine träumerische Freiheit wahrnimmt und aus dem persönlichen Kontext ausbricht, da ihn nach Variation, Neuigkeit und Abenteuer gelüstet. Denselben Zweck erfüllen am Tag die Romane und Filme, bei deren Genuss wir unseren Alltag vergessen und ganz andere Lebensentwürfe erleben können. Ich vermute sogar, dass die Erfindung des Romans und des Spielfilms auf der modellhaften Erinnerung an die Welt der Träume beruht. Sowohl Romane wie auch Träume fußen auf der Imagination, doch Träume waren zuerst da. Es ist also nicht statthaft zu sagen, dass der Träumer einen Science-Fiction-Traum hatte, weil er so etwas am Fernsehen gesehen hat. Eher ist es umgekehrt. Der Science-Fiction-Autor hat die Science Fiction geschrieben, weil er solche Träume hatte. Sowohl das Filmdrama wie auch der Traum fußen auf der Welt der Ideen und Vorstellungen, die originär schöpferisch ist. Der Traum ist keineswegs ein verdrehter Abklatsch der Alltagserfahrung. So ist in diesem Sinne die persönliche Traumwelt größer als die Wachwelt. Die Imagination ist freier und weiter als der konkrete Alltag, der mitunter sehr beschränkt und begrenzt sein kann. Wenn man nun ausschließlich alle Träume auf den erlebten Alltag zurückführt, tut man ihnen Gewalt an, man zwängt sie in ein Korsett, das ihrer Gesamtgestalt nicht angemessen ist. Doch hier möchte ich auf das nächste Kapitel verweisen, indem ich auf Traumarten eingehe, die mit dem oben skizzierten interpretativen Ansatz nicht befriedigend gedeutet und verstanden werden können.

Deutungsbeispiele

Doch in diesem Kapitel möchte ich einige Beispielen aus meiner kleinen Schrift „Nächtebuch“[108] anfügen und dazu einige deutende Kommentare geben um zu zeigen, wie unterschiedlich Träume interpretiert werden können. In diesem Büchlein habe ich 100 Träume publiziert, die während eines Jahres entstanden sind. Diese werden aber in einer stark verkürzten Form dargestellt, die nicht dem ursprünglichen Traumreport entspricht. Dabei habe ich versucht, das Wesentliche eines Traumes oder eine Traumszene darzustellen.

- Traum Nr. 20: Verteile mit einem schweren Einzylinder-Motorrad Zeitungen. Ein Mann will keine Zeitung in seinem Briefkasten. Ich frage ihn, wo denn sein Briefkasten sei? Da will er von mir doch eine Zeitung, nimmt sie und zerreißt sie vor meinen Augen.

Diesen Traum hatte ich in der Nacht vor einem Interview mit einer Lokalzeitung zum Thema Traum, vor dem ich mich etwas fürchtete, denn ich hatte vor Jahren dieser Zeitung schon einmal ein Interview zum Thema Handschrift gegeben. Dabei wurden meine Aussagen im Artikel massiv verdreht und verrissen. Der Traum ist also eine Kontextualisierung meiner Furcht vor einem Verriss in der Zeitung. Übrigens ein schweres Einzylinder-Motorrad war mein Traumgefährt als junger Mann. Für mich symbolisiert es hier Kraft und Selbstvertrauen, was mich allerdings nicht vor dem wütenden Verriss des Mannes im Traum beschützte. Außerdem ist ein Motorrad ein individuelles Fahrzeug im Gegensatz zu einem Tram oder einem Bus, welche kollektive Fortbewegungsmittel sind.

- Traum Nr. 27: Habe vergessen, wo mein Auto steht. Ich gehe zum Bahnhof, doch ich muss völlig wo anders sein, als ich denke. Da dämmert es mir, dass ich in einem Traum bin, schreite über eine Klippe hinaus und brause im Sturzflug hinunter zum Meer. Es ist herrlich!

Im ersten Teil des Traumes herrscht erhebliche Konfusion, Desorientierung und Verunsicherung, wo bin ich, wo ist mein Auto? Dann kommt die erlösende Erkenntnis, dass ich in einem Traum bin. Das führt zu einer ekstatischen Erfahrung. Diese Art von Träumen kenne ich gut, doch sie enden nicht immer mit der luziden Erkenntnis, dass ich in einem Traum bin. Ich erwache dann frustriert und desorientiert. Hier zeigt sich außerdem ein Phänomen, das in vielerlei Gestalt auftritt. Ich setze mich im Traum mit einem Gegenstand oder einer Person auseinander, wende mich ab und mache etwas anderes. Dann möchte ich mich wieder diesem Gegenstand oder dieser Person zuwenden.

Doch sie sind weg. Es folgt eine Episode, welche mein Unverständnis und meine Konfusion ausdrückt. Oft endet diese mit der Erkenntnis, dass der Gegenstand gestohlen oder verloren sei, die Person einfach verschwunden, weggegangen ist. Ich habe aber den Verdacht, dass sich hier ein Traummechanismus auswirkt, der vom Traum-Ich nicht verstanden wird. Der Mechanismus ist: „Aus den Augen – aus dem Sinn". Interessanterweise gelingt es aber nicht mehr, den Gegenstand oder die Person wieder herbeizuzaubern, auch wenn eine Erinnerung daran besteht. Ich stelle mir vor, dass der Träumer sich so stark auf das „nicht mehr da, verloren, gestohlen" konzentriert, dass diese Vermutung im Traum kontextualisiert wird. Nur ein Luzide-Werden oder die überzeugte Erkenntnis, dass das gar nicht sein kann, würde das verlorene Auto wieder „materialisieren". Also die Erwartung, welche sehr reflexhaft sein kann, beeinflusst den weiteren Traumverlauf.

- Traum Nr. 34: Wir schießen mit dem Raumkreuzer durchs All. Die Besatzung zeigt mir ein Bündel, in dem ein Wesen gefangen und in Halbtrance gehalten wird. Sie ist völlig zerstritten und abhängig von ihm, denn seine Ausdünstung ist essbar und köstlich.

Das ist ein Traum, den ich kaum befriedigend deuten kann. Mit meinem Alltag und meinen Sorgen und Nöten hat das nicht viel zu tun. Die grundsätzliche Thematik ist die schwere Ausbeutung und das Leiden, die mit extrem egoistischen Motiven zusammen hängt. Ich werde damit wohl konfrontiert, wenn ich Zeitung lese, aber in meinem persönlichen Umfeld gibt es keine Beispiele für diese Thematik. Der Traum erinnert mich an den Film „Dune", in dem eine ähnliche Thematik dargestellt wird. Doch den

Film hatte ich vor vielen vielen Jahren gesehen. Ich identifiziere mich da mit einem Passagier eines utopischen interstellaren Raumkreuzers. Wie komme ich dazu? Warum träume ich so etwas? Aus Entdecker- und Abenteuerlust? Ist das nun eine so genannte Projektion des Bewusstseins in andere Erfahrungsbereiche? Ich weiß es nicht.

- Traum Nr. 48: Party: Sie schlägt ein Spiel vor, das darin besteht, dass ich aus dem Fenster schauen soll. Wenn ich mich umdrehe, habe ich schon verloren und muss nach Hause. Der Gewinn des Spieles besteht in der Schadenfreude der anderen Mitspieler.

Der Traum kontextualisiert mein generelles Missfallen, mich in Gruppen aufzuhalten, insbesondere an Partys. Oft herrschen in solchen Gruppen unausgesprochene, recht rigide Verhaltensregeln und unterschwellige Gemeinheiten, wenn dieser Kodex verletzt wird.

- Traum Nr. 51: Ich bin wieder im Gymnasium; düstere Gänge. Ich habe weder Unterlagen noch Stundenplan und weiß nicht wohin. Ich muss nachdenken, doch mir fehlen die Gedanken.

Auch hier wieder die starke Desorientierung. Ich vermute, dass ich da aus tieferem Schlaf in eine Traumszene auftauchte und deshalb desorientiert bin. Ich kenne das auch, wenn ich gelegentlich aus tiefer Meditation ins Wachbewusstsein auftauche. Ich muss mich meiner Identität und meiner geographischen Position vergewissern, da ich keine Ahnung habe, wer und wo ich bin. Ich vermute, wenn der Träumer genügend selbstvergessen ist, nimmt er die Situation im Traum als selbstverständlich hin. Doch wenn ein Funke von „Wachbewusstsein“ im Traum waltet, so kann sich die Desorientierung wegen der ungewohnten Situation einstellen, da man sich an der wachen Welt orientiert. Hier gelingt es mir allerdings nicht, luzide zu werden, denn meine Gedanken sind vermutlich vom Tiefschlaf her immer noch „abgeschaltet“, so ist reflektierendes Denken unmöglich.

- Traum Nr. 72: Ferien mit Geschwistern, Freunden und der Mutter in Amerika. Im Motel hat es keinen Platz mehr für letztere. Sie muss in einem anderen Etablissement außerhalb des Ortes übernachten und betrinkt sich mit einem Fremden derart, dass von unserem Feriengeld nichts mehr übrig bleibt.

In diesem Traum bin ich nicht Christoph, sondern ein amerikanischer Teenager, der mit seinen Geschwistern und Freunden in die Ferien fährt. Die Mutter nehmen sie mit, damit sie auch mal an die frische Luft kommt. Diese Mutter steht in einem extremen Widerspruch zu meiner Mutter im Wachleben. Jene ist sehr kontrolliert im Charakter und trinkt aus Überzeugung sehr wenig. So war ich recht erstaunt über diesen Kontrasttraum und musste über ihn schmunzeln. Man kann also diesen Traum im Sinne von C.G. Jungs[109] Kompensationstheorie verstehen. Er ist aber auch einfach eine Ergänzung und Bereicherung meiner Erfahrung aus dem Wachleben. In diesem Sinne verweist er auf eine Ausdehnung meines Bewusstseins durch alternative Traumerfahrungen.

- Traum Nr. 77: Fliege in freiem Flug durch eine Ansammlung von roten Luftballons, welche mich an die

Schweizer Fahne erinnern. Ziehe es vor, in die Krone eines riesigen Birnbaums zu wechseln. Der hat Früchte wie große Stachelbeeren.

Die Stimmungslage, die hier ausgedrückt wird, ist heiter und buchstäblich unbeschwert. Offensichtlich stößt mich ein patriotischer Gedanke eher ab. Die Süßigkeit realer Früchte sagen mir mehr zu. Dieselben Abneigungen und Präferenzen zeigen sich auch im Wachleben. Allerdings bringt mich dort eine heitere und leichte Stimmung nicht zum Schweben. So können in Träumen Erfahrungen gemacht werden, die im Wachleben nicht möglich sind.

- Traum Nr. 87: Segeln bei schönstem Wetter. Ich liege entspannt auf dem Deck. Eine Böe bläht überraschend die Segel, das Schiff krängt. Ich will die Pinne ergreifen, doch ich bin gelähmt.

Im Wachleben habe ich wohl ein Schiff, aber kein Segelschiff. Ich war schon mit anderen Leuten segeln und weiß, worauf es ankommt. Ich weiß, dass das Wetter auf dem See schnell umschlagen und schlagartig auf das Schiff auftreffen kann. So weiß ich, dass man als Schiffsführer nicht auf Deck liegen darf. Im Traum tue ich gerade dies und genieße das milde Wetter und meinen entspannten Zustand. Doch vermute ich, dass im Hintergrund das Wissen lauerte, dass dies heikel ist. Prompt wird die Befürchtung kontextualisiert, und das Wetter schlägt um. Die folgende Lähmung trifft öfters im Traum auf, denn der Träumer spürt seinen schlafenden und gelähmten Körper im Bett. Er will den materiellen Körper bewegen und kann nicht. Diese Erfahrung wird wiederum im Traum kontextualisiert: Ich kann das Steuer nicht ergreifen. Dieser Traum ist also eine Kontextualisierung meines schlafenden und gelähmten Körpers und meiner gleichzeitigen Furcht, mich völlig zu entspannen und meinen Geist driften zu lassen, denn es könnte ja etwas passieren.

Die Deutung von Träumen anderer Leute

Zum Schluss möchte ich noch etwas zur Traumdeutung von Träumen anderer Leute sagen. In unserer Kultur fehlt der Dialog über die eigenen Träume, man spricht kaum davon mit anderen Menschen. Der Träumer hat vielleicht Angst sich zu offenbaren und behält seine Träume lieber für sich. Diese Angst ist nicht unbegründet, denn die auf eine gewisse Art verstandene Psychoanalyse hat es geschafft, mit autoritativem Ton eine Art der Traumdeutung zu verkünden, die es darauf angelegt hat, zu entblößen bzw. bloß zu stellen. Diese Art von Traumdeutung hat sich aber im allgemeinen Bewusstsein der Bevölkerung festgesetzt.

So gilt es, einen anderen, unbefangeneren und spielerischeren Zugang zu den Träumen zu finden. Ich habe in den vorangegangenen Kapiteln versucht, keinen autoritativen Ton anzuschlagen, sondern Perspektiven dargestellt, wie man einen Traum versteht und wie man mit ihm arbeiten kann. So ist es wichtig, wenn jemand einen Traum erzählt, dass man behutsam und mit Bescheidenheit vorgeht und ihm Erklärungsmöglichkeiten vorschlägt, die der Träumer auch zurückweisen kann. Denn autoritative und im Brustton der Überzeugung vorgebrachte Deutungen und Werturteile können verletzen. Sie können auch schlicht falsch sein, denn der Träumer ist letztendlich die Autorität über seine eigenen Träume, denn er hat sie erschaffen. Und noch etwas: So stark, wie sich der Träumer durch die Erzählung seines Traumes offenbart, so stark offenbart sich auch der Deuter, denn in seiner Deutung wird erkennbar, was ihm wichtig ist, wie er etwas versteht und was für Präferenzen er hat.

KAPITEL 11

TRAUMTYPEN

Wenn ihr wollt, sagt in dieser Woche vor dem Einschlafen zu euch selbst, dass ihr einen „Wahren Traum von den Toren aus Horn" haben werdet. Nun, das ist eine uralte Suggestion, die bereits von den Ägyptern gegeben wurde: Die Tore aus Horn.

—Seth, *Im Dialog mit Seth*, Bd. 1, Kapitel 3

Träume und „nächtliche Erfahrungen"

Wie ich im Kapitel über die Erfassung des Traumes schon geschrieben habe, hat uns meine Sufi-Lehrerin Irina Tweedie, eine Vertreterin der Naqshbandyya Mujaddidia, dazu angehalten, auf unsere Träume zu achten. Sie half uns in den gemeinsamen Diskussionen über Träume, diese in „persönliche Träume" und in „Erfahrungen" zu unterscheiden. Erstere waren als Kontextualisierung von persönlichen Wünschen, Hoffnungen, Befürchtungen, Überzeugungen und Erinnerungen zu verstehen. Die Erfahrungen verwiesen aber auf tiefer liegende seelische Wahrheiten und Erlebnisse, die über den Kontext der persönlichen Geschichte hinaus verweisen.

Auch Elias, die Trancepersönlichkeit von Mary Ennis, äußerte sich dazu. Er unterscheidet, wie Seth, zwischen „Träumen" und „Projektionen des Bewusstseins". Um die Unterschiede zwischen diesen beiden zu erkennen, weist er darauf hin, das Träume immer „über" etwas sind, ganz ähnlich wie die Gedanken am Tag, die auch immer

„über“ etwas sind. Die Projektionen des Bewusstseins werden hingegen eher als direkte „Erfahrung“ erlebt, so wie auch unsere Erlebnisse im Wachzustand direkt sind. So entspricht Elias und Seths „Projektion des Bewusstseins“ der nächtlichen „Erfahrung“ von Irina Tweedie.

Das Bedürfnis nach einer Unterscheidung der Träume ist sehr sehr alt, wie ich im Laufe der Zeit entdeckt habe. Es wurde in verschiedenen Kulturen ausgedrückt und gemäß deren Überzeugungen und Vorstellungen unterschiedlich angewandt. So möchte ich einige dieser Unterscheidungskriterien vorstellen:

Homers Tore aus Horn und Elfenbein

Das diesbezüglich älteste schriftliche Zeugnis stammt aus Homers Odyssee. Am Ende seiner Irrfahrt kehrte Odysseus nach Hause zurück und traf dort inkognito auf seine Frau Penelope, die von Freiern umschwärmt wurde, die sich auf ihre Kosten um ihr Haus niedergelassen hatten. Sie erkannte ihren Ehemann nicht, doch erzählte sie ihm einen beeindruckenden Traum, den sie kurz zuvor gehabt hatte. Ich möchte hier den Ausschnitt aus diesem uralten Mythos wiedergeben, der um das 7. Jahrhundert vor Christus niedergeschrieben worden war, aber vermutlich älter ist:

„Aber höre den Traum, und sage mir seine Bedeutung. Zwanzig Gänse hab‘ ich in meinem Hause, die fressen Weizen mit Wasser gemischt; und ich freue mich, wenn ich sie anseh‘. Aber es kam ein großer krummgeschnabelter Adler von dem Gebirg‘, und brach den Gänsen die Hälse; getötet lagen sie all‘ im Haus‘, und er flog in die heilige Luft auf. Und ich begann zu weinen, und schluchzt‘ im Traum. Da kamen, mich zu trösten, der Stadt schönlockige Frauen; aber ich jammerte laut, daß der Adler die Gänse getötet.

Plötzlich flog er zurück, und saß auf dem Simse des

Rauchfangs, wandte sich tröstend zu mir, und sprach mit menschlicher Stimme: „Tochter des fernberühmten Ikarios, fröhlichen Mutes! Nicht ein Traum ist dieses, ein Göttergesicht, das dir Heil bringt. Jene Gänse sind Freier, und ich war eben ein Adler; aber jetzo bin ich, dein Gatte, wieder gekommen, dass ich den Freiern allein ein schreckliches Ende bereite. Also sprach der Adler. Der süße Schlummer verließ mich; eilend sah ich im Hause nach meinen Gänsen, und alle fraßen aus ihrem Troge den Weizen, so wie gewöhnlich.

Ihr antwortete drauf der erfindungsreiche Odysseus: „Fürstin, es wäre vergebens, nach einer anderen Deutung deines Traumes zu forschen. Dir sagte ja selber Odysseus, wie er ihn denkt zu erfüllen. Verderben drohet den Freiern allzumal, und keiner entrinnt dem Todesverhängnis." Ihm antwortete drauf die kluge Penelopeia: „Fremdling, es gibt doch dunkle und unerklärbare Träume, und nicht alle verkünden der Menschen künftiges Schicksal. Denn es sind, wie man sagt, zwo Pforten der nichtigen Träume: Eine von Elfenbein, die andre von Horne gebauet. Welche nun aus der Pforte von Elfenbeine herausgehn, diese täuschen den Geist durch lügenhafte Verkündung; andere, die aus der Pforte von glattem Horne hervorgehn, deuten Wirklichkeit an, wenn sie den Menschen erscheinen. Aber ich zweifle, ob dorther ein vorbedeutendes Traumbild zu mir kam. O wie herzlich erwünscht wär' es mir und dem Sohne!"

In der Vorstellung der Altvorderen gab es also zwei Eingangstore der Träume aus der Unterwelt, die Tore aus Horn und die Tore aus Elfenbein. Von welchem Durchgang ein Traum aber stammte, war schon damals nicht einfach zu erkennen, wie uns das die arme Penelope in ihrer Verwirrung zeigt. Die Träume von den Toren aus Horn verkündeten die Wahrheit, diejenigen von den Toren aus Elfenbein jedoch zeugten von Lug und Trug. Letztendlich wurden die Träume in der Vorstellung der Griechen aber von den Göttern gesandt, die der Wahrheit nahe standen, die aber bekanntermaßen auch die Menschen gerne an der Nase herum führten und sie drangsalierten, je nach Lust und Laune.

Das Wahre und das Falsche, das Gute und das Böse, war demnach in der Psychologie jener Zeit noch nicht so scharf geschieden, wie in den nachfolgenden monotheistischen Religionen des Christentums und des Islams, wo das Schlechte und Falsche nicht mehr von den Göttern kam, sondern vom Teufel, dem Irreführer, einer Art gefallenem Nebengott, der neben dem Einen und Alleinigen nicht bestehen durfte, aber trotzdem bestand.

Der Traum bei den Römern

Doch zuerst wollen wir noch einen Blick auf die römische Zeit werfen, da damals die Auseinandersetzung mit den Träumen eine Hochblüte erfuhr. Zu erwähnen ist zuerst natürlich Artemidorus von Daldis im 2. Jahrhundert, der 5 Bücher über die Trauminterpretation schrieb[110]. Das waren teilweise Traumsymbolbücher, teilweise enthielten sie aber auch Anweisungen an seinen Sohn, der bei ihm in die Lehre ging, wie Träume zu deuten seien. Er beschrieb seine Methode als empirisch und fundierte seine Deutungen aufgrund praktischer Einzelfälle, die er sorgfältig sammelte. Einige davon konnte er auch so verifizieren, dass sie korrekt waren. Bei ihm lagen die Ursachen der Träume vor allem im Charakter, in der sozialen Position, im Zivilstand und der beruflichen Tätigkeit.

Dann, weniger bekannt, Synesius von Cyrene im 4. Jahrhundert, der sich später zum Christentum bekehrte[111]. Er führte ein persönliches Traumtagebuch und zog es bei vielen Gelegenheiten zu Rate. Er verfasste ein kleines Buch „Über Träume“, indem er die Vorzüge dieses Tuns pries. Neben der Trauminterpretation bemerkte er, dass die Seele im Traum frei von physischen Behinderungen sei. Sie könne frei fliegen und Orte besuchen, die der Träumer physisch nie erreichen könnte. Sie gelange sogar über das Irdische hinaus, das bei der Mondumlaufbahn endet, und könne in Sphären vordringen, die kein physisches Auge je gesehen habe. Im Traum sei es auch möglich, mit den Sternen und den Göttern zu sprechen. Er betonte dabei die unendliche Freiheit und Flexibilität des Geistes im Traumzustand. Doch er erkannte auch, dass die animalische Natur, die Instinkte, Triebe und Emotionen die Träume prägen. So war sein Traumtagebuch sein persönlicher Ratgeber, und er betonte, dass man selber die Träume interpretieren kann und soll. Synesius ist zweifellos mein Favorit aus früher Zeit. Doch sein fortschrittliches Wissen wurde später aus den christlichen Bibliotheken von Nicäa entfernt. Davon aber später.

Islamische Unterscheidung der Träume

Im Islam war der Traum immer eine Quelle der Erkenntnis[112] und wurde zu Rate gezogen, wenn er besonders eindrücklich war oder wenn eine wichtige Entscheidung anstand. Auch er kennt die in der Bibel festgehaltenen Träume von Abraham, von Josef, sowie natürlich diejenigen von Mohamed. Die Träume wurden immer im Rahmen des Korans oder der Überlieferungen Mohameds gedeutet. Es wurden vom Propheten drei Kategorien festgelegt: die göttlichen und guten Träume, zu denen auch die prophetischen Träume gehören, und die schlechten Träume, die vom Shaitan eingeflüstert wurden. Zu ihnen gehörten die Albträume. Als dritte Kategorie wurden Träume als Widerspiegelung der eigenen Gedanken und Einbildungen, sowie als Ausdruck von Stress erwähnt. Diese Dreiteilung erinnert etwas an die alte schamanische Überlieferung, in der zwischen Oberwelt, Unterwelt und Mittelwelt unterschieden wurde, wobei die mittlere Welt diejenige unseres Wachlebens ist. Insgesamt war und ist das islamische Verständnis der Träume aber komplexer und reicher und spielt bis heute in ihrer Kultur eine wichtige Rolle.

Christliche Traumkategorien – die Verteufelung des Traums

Auch in der ostchristlichen Kirche wurde und wird die Interpretation der Träume gewürdigt. Im Verständnis von Gregor von Nyssa im 4. Jahrhundert kann die Quelle des Traumes einerseits göttlichen Ursprungs, andererseits aber in irrationalen, emotionalen Erfahrungen begründet sein, die im Charakter des Träumers liegen, sowie in seiner animalischen Natur, die nach Überleben und Fortpflanzung trachtet[113].

In der christlichen Westkirche war man in früher Zeit offen für Träume. Tertullian beispielsweise führte diese auf vier Ursachen zurück[114]: Zuerst und hauptsächlich sind da die dämonischen Träume, aber auch göttliche Träume können vorkommen. Eine weitere Kategorie ist auf die seelische Tätigkeit und deren Natur zurückzuführen. Die vierte Kategorie ist ekstatischer Natur, wenn die Seele am frühen Morgen aus der Nacht langsam auftaucht und die wildesten Bilder produziert, die nicht durch die anderen drei Kategorien erklärt werden können.

Doch dann, am Ende des 4. Jahrhunderts, wurde eine Wende eingeleitet, die durch eine bewusst falsche Übersetzung der Bibel ins Lateinische bewerkstelligt wurde, die darauf Jahrhunderte lang die offizielle Bibel der römisch katholischen Kirche wurde. Der Kirchenvater Hieronymus[115] übersetzte an einigen Stellen des Alten Testaments das hebräische Wort „anan“ korrekt mit Hexerei, an anderen

Stellen aber mit Traumdeuterei und autorisierte so die folgende kirchliche Verurteilung der Traumdeutung. Fortan waren Träume ein Werk von sexualisierten Dämonen, von Succubi und Incubi. Wehe dem, der sich damit beschäftigte, er war ein Hexer und konnte auf dem Scheiterhaufen enden! So hatte es die katholische Kirche geschafft, die Ursache der Träume vollständig dem Teufel zuzuschreiben. Das dunkle Mittelalter hatte begonnen. Auch noch tausend Jahre später betete deshalb Martin Luther, dass Gott ihm die Traumerinnerung nehmen möge[116].

Die Rehabilitation des Traumes

Erst in der Romantik des 19. Jahrhunderts erlebte der Traum im Westen ein Revival. Die aufkommenden Wissenschaften lenkten die Aufmerksamkeit auf die Beobachtung der Natur und unter anderem auch auf die Gefühle, biologischen Antriebe und die Träume. Zum ersten Mal wurde in dieser Zeit das Unbewusste postuliert, denn das menschliche Erleben und Handeln konnte nicht gänzlich auf sein Bewusstsein zurückgeführt werden. Die medizinische Hypnose, wie sie Bernheim und Charcot in Frankreich praktizierten, spielte dabei eine wesentliche Rolle[117]. In dem Sinne sind Freud und Jung Kulminationspunkte einer Bewegung, die schon wesentlich früher angefangen hatte.

Die Freud'sche Kompensation des Traumes

Für Freud hatten im 20. Jahrhundert alle Träume einen sexuell-triebhaften Ursprung, dieser Ursprung musste aber durch einen „Zensor" verhüllt und entstellt werden, damit die verpönten Regungen die Nachtruhe nicht stören[118]. Damit beschrieb er den Menschen jener Zeit, der im Dilemma zwischen den inneren sexuellen Bedürfnissen und deren absolut negativen Wertung der Kirche stand. So steht Freuds massive Betonung der sexuellen Triebhaftigkeit im Gegensatz zur früheren christlichen Verteufelung der Sexualität und mag deshalb als deren Kompensation gelten. Später formulierte er diesen Widerspruch zwischen der inneren triebhaften Natur und den kulturellen Wertvorstellung im Modell des Es und des Über-Ichs[119].

Jungs Traumverständnis

Auch Jung anerkannte die triebhafte Natur des Menschen, die als Ursache für Träume in Frage kam, doch fasste er diese Triebhaftigkeit weiter auf und wollte sie nicht auf die Sexualität reduzieren[120]. Auch er kannte das Dilemma zwischen den sozialen Anforderungen und Erwartungen einerseits und den inneren Trieben und Regungen andererseits, die er in den Konzepten von „Persona“ und „Schatten“ ausformulierte[121]. Doch für ihn kam als Ursache und Motivator der Träume auch ein Streben in Frage, das er als „Individuation“ bezeichnete, ein Streben nach dem Ausdruck der individuellen Ganzheit, die latent vorhanden ist, die aber wegen der menschlichen Begrenztheit, den hinderlichen Wertvorstellungen und der sozialen Umstände meist nur teilweise zum Ausdruck kommen kann[122]. Jungs Individuation erinnert sehr an Seths Werterfüllung. Jung unterschied in der Praxis zwischen gewöhnlichen Träumen und „großen“ Träumen. Erstere werden durch die persönlichen Werthaltungen, Wünsche und Befürchtungen gespeist. Die großen Träume aber widerspiegeln das größere Bild des individuellen und manchmal auch des kollektiven Lebens. Sie weisen archetypische Motive auf und befassen sich nicht mit den Unzulänglichkeiten des Alltags. Häufig können sie als Wegweiser verstanden werden, die am

Beginn oder am Ende eines Lebensabschnittes stehen[123].

Nun möchte ich eine Unterteilung der Träume vornehmen, die deren Vielfalt widerspiegeln soll, da ich denke, dass eine Zwei- oder Dreiteilung nicht genügt. Diese Unterteilung ist nicht umfassend oder vollständig, doch soll sie zeigen, dass verschiedenste Ursachen die Träume prägen können und dass es mit der gängigen Traumdeutung, wie sie von den tiefenpsychologischen Schulen gepflegt wird, gelegentlich nicht getan ist. So werde ich hier verschiedene Traumtypen aufzählen, ohne dass ich überall Beispiele nennen werde, da dies den Rahmen sprengen würde. Ich werde mich auf eine kurze Beschreibung des Traumtyps beschränken und verweise den interessierten Leser auf Robert van de Castles umfassendes Werk „Our Dreaming Mind“[124], indem eine Vielzahl solcher Beispiele zu finden sind, die er in der Literatur gefunden hat. Auch Robert Moss hat diesbezüglich ein interessantes Buch neueren Datums geschrieben: „The Secret Hystory of Dreaming“[125]. Diese Aufzählung soll dem Träumer aber helfen, seine Wahrnehmung zu öffnen, um nicht beim klassischen Traumdeutungsansatz stecken zu bleiben.

Träume als Spiegel der Persönlichkeit

Dies sind die Träume, die durch unsere täglichen Sorgen und Nöte, durch unsere Hoffnungen und Ängste, durch die Beziehungen zu unseren Mitmenschen und durch unsere Wertvorstellungen und durch unsere Erinnerungen geprägt sind. Wie sie gedeutet werden können, habe ich im vorausgehenden Kapitel besprochen.

Alternative Lebensentwürfe im Traum

Es gibt aber auch Träume, die über unseren Lebensentwurf hinausgehen. So kann es sein, dass wir uns im Traum mit einem anderen Menschen identifizieren, der dem eigenen oder auch dem anderen Geschlecht zugehören mag, der viel älter aber auch viel jünger sein kann, als wir zur Zeit im Wachleben sind. Auch kann es sein, dass wir im Traum in einem ganz anderen Haus wohnen, in einer anderen Stadt oder in einem anderen Land leben, mit einer anderen Person verheiratet sind oder andere Geschwister haben. Es mag sogar vorkommen, dass wir uns mit einem Tier identifizieren oder gar mit einem außerirdischen Lebewesen. Auch kommt es vor, dass der Zeitrahmen, in dem der Traum stattfindet, nicht mit dem Wachleben übereinstimmt, dass der Traum beispielsweise in einem anderen Jahrhundert stattfindet. All diese Träume weisen darauf hin, mit was für einem viel größeren psychischen Netzwerk unser tägliches Leben verwoben ist. Wahrscheinliche Ichs und Reinkarnationen, wie sie Seth beschrieben hat, kommen hier als mögliche Erklärung in Frage. Auch zeigen diese Träume, wie leicht wir uns mit anderen Lebensentwürfen identifizieren können, sobald wir nicht auf unseren Alltag und unsere Sinne fixiert sind.

Kreative Träume

In der Literatur wurde immer wieder beschrieben, wie Wissenschaftler und Musiker erzählten, wie eine schwierige Problemstellung im Traum gelöst wurde, oder wie sie unglaublich schöne Melodien vernahmen, die sie ins Wachleben hinüberretten konnten. Elias Howe, der Erfinder der Nähmaschine, wurde beispielsweise durch einen Traum darauf gebracht, dass er bei der Nähnadel das Öhr an der Spitze anbringen musste. Der Traum zeigte ihm Eingeborene, welche an der Spitze ihres Speeres ein Loch hatten. Das war die Lösung des Problems, an dem er schon lange herumstudiert hatte. Auch dem Chemiker Kekulé wurde im Traum gezeigt, dass sich lange Kohlenstoffverbindungen zu einem Ring zusammenschließen konnten. Auch dies eine Lösung eines Problems, an dem er sich bis dahin die Zähne ausgebissen hatte. Diesen Lösungsträumen ist gemein, dass sich die Träumer vorher länger und intensiv mit der Problematik auseinandergesetzt hatten. In dem Sinne sind solche kreativen Lösungsträume inkubierte Träume.

Musikträume scheinen hingegen eher spontaner Natur zu sein, doch Musiker dürften sie häufiger haben und sind zudem eher in der Lage, diese im Wachbewusstsein umzusetzen. Paul McCartney ist ein bekanntes Beispiel: Die Melodie seines berühmtesten Liedes „Yesterday“ hörte er zum ersten Mal im Traum und war davon tief berührt. Wie ich im Kapitel der Traumspiele schon erwähnt habe, können Träume außerdem als Inspiration und Ausgangspunkt für gestalterische und schriftstellerische Tätigkeiten sein. Viele Künstler haben das getan. Die rebellische Bewegung des Surrealismus wurde durch die Beachtung der Träume motiviert. Deren assoziative Abläufe durchbrachen die strengen Muster der Logik, die zum katastrophalen 1. Weltkrieg geführt hatten. Auch ist bekannt, dass viele Autoren durch Träume inspiriert wurden.

Träume als Ausdruck körperlicher Vorgänge

Schon Freud[126] hatte das Phänomen der Trauminkorporation von Sinneserfahrungen diskutiert. In der Tat ist es so, dass gelegentlich Dinge, die dem schlafenden Körper widerfahren, in den Traum eingebaut werden. Das können Sinnesreize wie z.B. Blasendruck, Geräusche, Wärme oder Kälte sein. Wenn sich beispielsweise der Körper in den Decken zu fest eingewickelt hat, kann das dazugehörige Gefühl in einem Traum des Gefangenseins oder gar der Strangulation Ausdruck finden.

An einem Sonntagnachmittag hielt ich beispielsweise nach der Meditation ein Schläfchen, das leider zu lange dauerte. Jeder kennt das Gefühl der schweren Erschlagenheit, wenn man nach einem zu langen Mittagsschlaf aufwacht. Danach hat man enorm Mühe, wieder in die Gänge zu kommen. Am Ende jenes Schläfchens hatte ich folgenden Traum: „Schon halb wach war ich zu faul und zu schwer zum Aufstehen und träumte, dass ich in einem Hotel war. Auf dem Nachttisch neben mir stand eine Lampe mit einem schweren roten Plüschschirm und eine Buddha-Statue, die periodisch aufleuchtete. Mein Kopf war im schweren Kopfkissen festgeklemmt." Der rote Plüschschirm ist Ausdruck einer „schweren" Innendekoration; vermutlich waren die Vorhänge in jenem Traumhotel auch aus diesem Material gefertigt. Der Kopf, der im schweren Kopfkissen festgeklemmt war, ist eine direkte Übersetzung meines Gefühls, einen bleiernen Kopf zu haben. Hier ist also wieder die Kontextualisierung am Werk zu sehen. Der blinkende Buddha verweist auf meinen schwankenden Bewusstheitszustand.

Wenn aktuelle Körperzustände in unsere Träume implementiert werden, so ist es ohne weiteres nachzuvollziehen, dass auch Krankheiten und ihre Symptome ihren Ausdruck im Traum finden. Nun ist es aber so, dass es einige Berichte darüber gibt, dass sich Krankheiten, insbesondere schwerere, vor deren Ausbruch im Traum manchmal auch mehrfach und über längere Zeit ankündigten. Ein eindrückliches Beispiel dieser Art habe ich selber erlebt, als sich ein unscheinbar kleines Melanom an meinem Ellbogen bildete. Ich möchte diese Träume hier nicht erzählen, doch sind sie in einem Online-Artikel[127] von mir zu finden. Die Träume waren derart massiv, dass ich gezwungen war, mich sofort zu einem Arzt zu begeben, der in der Folge das gefährliche Melanom entfernen konnte. Nur schon aus diesem Grund scheint es mir daher sinnvoll, ein Auge auf seine Träume zu werfen. Es kann der eigenen Gesundheit wirklich dienlich sein.

Was in Bezug auf Krankheiten gilt, gilt auch für die Schwangerschaft, denn diese Zeit ist für die werdende Mutter, aber auch für den Vater emotional hoch geladen. Es ist daher sinnvoll, dass beide auf ihre Träume achten, um die Schwangerschaft aus dieser Perspektive zu begleiten. In den Träumen der Eltern ist zu erkennen, wie diese zur Schwangerschaft und zur Veränderung ihres zukünftigen Lebens Stellung nehmen. Die Träume können aber auch den Verlauf der Schwangerschaft und eventuelle Komplikationen anzeigen. Gelegentlich kann sich in Träumen aber auch das ankommende Kind ankündigen. Ein sorgfältig geführtes Traumtagebuch kann in dieser Hinsicht hilfreich sein.

Archetypische Träume, große Träume

Dieser Traumtyp weist, wie bei C.G. Jung erwähnt, über den Alltag hinaus. Er reflektiert nicht unsere Sorgen, Nöte und unsere Erinnerungen. In der Regel sind solche Träume recht klar strukturiert und bleiben lebhaft in Erinnerung. Eventuell sind die Farben intensiver. Häufig kommen archetypische Motive in diesen Träumen vor. Diese Träume können am Ende oder am Anfang einer Lebensphase stehen. Ich hatte das Glück, einige Male in meinem Leben solche Träume zu erleben. Den ersten großen Traum hatte ich, als ich ca. siebzehn Jahre alt war. Ich träumte von einer riesigen Sonne, die am Horizont aufging und die einen überwältigenden Eindruck auf mich machte[128]. Der

Eindruck dieses Traumes war so gewaltig, dass ich deshalb Psychologie studierte und Zeit meines Lebens meine Träume beachtete und mich intensiv mit diesem Thema beschäftigte. Eine Serie von drei solchen Träumen hatte ich mit achtundzwanzig Jahren, als ich mich entscheiden musste, ob ich ernsthaft einem Sufi-Orden beitreten wollte und dem ich dann in der Folge fünfundzwanzig Jahre treu blieb[129]. Aus dieser Aufzählung wird ersichtlich, dass solche Träume in der Regel nicht häufig auftreten.

Sterbende, Verstorbene und Ungeborene im Traum

Gelegentlich kommt es vor, dass wir von Leuten träumen, die im Wachleben unter Umständen schon seit geraumer Zeit gestorben sind. Bei diesen Träumen kann es sich um Erinnerungen dieser Verstorbenen handeln, die verwendet werden, um einen aktuellen Traum zu erschaffen. Es gibt aber auch Träume dieser Art, die sehr lebhaft wirken. In meiner Online-Traumberatung bin ich gelegentlich mit solchen konfrontiert worden. Meist sind diese Träume relativ einfach und der Verstorbene hat eine simple Botschaft: Ich lebe, mir geht es gut! Diese Botschaft wird oft nicht verbal ausgedrückt, sondern durch den gesunden, eventuell verjüngten Gesichtsausdruck und durch den Traumkontext. Hier ist es wichtig, die Unterscheidung zu machen: Ist das ein Traum über etwas, oder ist das eine direkte Erfahrung mit dem Verstorbenen. Die Lebhaftigkeit des Traumes und die unmittelbare Begegnung, so wie im Wachleben eben, weist auf eine direkte Erfahrung hin. Solche Träume können meiner Meinung nach tatsächlich ein Zeichen von „drüben“ sein.

Wie schon erwähnt, können auch während der Schwangerschaft Träume vom werdenden Kind und dessen künftigem Leben künden. Eine Bekannte von mir träumte beispielsweise während ihrer Schwangerschaft vom Leben ihres künftigen Sohnes, dabei wurde ihr in einem archetypischen Traum eine Lotosblume gezeigt, die ihre Wurzeln tief im Sumpf hatte, um ihre wundervolle Blüte über dem Wasserspiegel zu erzeugen. Der Traum fand ganz zu Beginn der Schwangerschaft statt. Neben der sich entfaltenden weißen Lotosblüte träumte ihr in jener Nacht auch immer wieder davon, wie sich grüne Zellen fortwährend teilten. Meine Kollegin verstand dies als die Ankündigung eines neuen Lebens und es half ihr, die Schwangerschaft durchzustehen, obwohl der Vater des Kindes für eine Abtreibung war. Der Traum half ihr auch später, wenn ihr Sohn in Schwierigkeiten steckte.

Gemeinsame Träume

Diesem Thema habe ich schon ein Kapitel gewidmet, weshalb ich es nicht nochmals aufrollen möchte. Bei den gemeinsamen Träumen unterscheidet Linda Magallón zwischen verwobenen Träumen und Begegnungsträumen[130]. Bei den verwobenen Träumen wird von einem ähnlichen Ereignis geträumt, bei den Begegnungsträumen begegnen sich zwei Träumer und können sich danach an diese Begegnung erinnern, wobei diese Erinnerung nicht zu hundert Prozent übereinstimmen muss, da die Träume immer persönlich gefärbt sind. Doch es gibt verblüffende Berichte zu diesem Thema bei Linda Magallón und bei James J. Donahoe[131].

Lehrträume

Von Schülern des Buddhismus und des Sufismus wird berichtet, dass sie Belehrungen und Hinweise von ihrem Lehrer im Traum erhalten haben. Oftmals erscheinen im

Traum aber auch längst verstorbene Meister der Überlieferungslinie, um dem Schüler etwas mitzuteilen oder zu zeigen. In der Regel wird für solche Träume vorausgesetzt, dass man sich ernsthaft und längere Zeit mit dieser spirituellen Überlieferung auseinander gesetzt hat. Sie sind die Früchte dieser Auseinandersetzung und Wegweiser auf dem Weg. Es kann aber auch vorkommen, dass ein solcher Traum am Anfang eines solchen Engagements steht. Ich träumte zum Beispiel, dass Krishnamurti, ein längst verstorbener Mystiker mit rebellischer Natur, mir ein unglaublich großes Maß an psychischer Energie übertrug, so dass mein Körper durchgeschüttelt wurde. In der Folge las ich zum ersten Mal von ihm. Diese Lektüre half mir, mich vom Sufismus zu lösen. Neulich habe ich damit begonnen, regelmäßig eine Meditation in der Tradition des Dzogchen auszuführen. Nach einem Monat hatte ich einen Traum, indem der Dalai Lama mir eine Mala schenkte und mir versicherte, dass er für mich beten werde, wenn ich an ihn denken würde. Ich habe diesen Traum als eine spirituelle Unterstützung und Einweihung vom Schirmherrn des tibetischen Buddhismus verstanden. In der Tat ein gutes Omen.

Psi-Träume

Bei den Psi-Träumen unterscheidet man zwischen telepathischen, präkognitiven und hellseherischen Träumen. Bei den telepathischen Träumen verbindet sich der Träumer mit mentalen Vorgängen einer anderen Person; in präkognitiven Träumen werden unvorhersehbare Ereignisse im Wachleben vorweg genommen, und in hellseherischen Träumen werden Ereignisse an einem anderen Ort wahrgenommen, ohne dass man sich telepathisch mit einer anderen Person verbindet. Solche Träume wurden von bekannten Traumforschern wie Freud, Jung und vielen andern beschrieben. So scheint der Traum ein geeigneter mentaler Zustand zu sein, indem wir für Informationen zugänglich sind, die uns nicht über die Sinne und das Gedächtnis zufließen. Dr. Louisa Rhine, die Ehefrau des bekannten Parapsychologie-Forschers J. B. Rhine von den Duke Parapsychology Laboratories, hatte eine große Sammlung von präkognitiven Erfahrungen angelegt, unter denen über 400 präkognitive Träume sind. Sie schloss aus dieser Traumsammlung, dass solche Träume in der Regel besonders lebhaft und intensiv sind und den erwachten Träumer nicht mehr loslassen[132]. Die umfangreichsten experimentellen Untersuchungen wurden in diesem Gebiet aber von Montague Ullman und Stanley Krippner am Maimonides Hospital in Brooklyn durchgeführt[133]. Obwohl die Parapsychologie mit standardisierten wissenschaftlichen Verfahren arbeitet, hat sie immer noch einen schweren Stand in der wissenschaftlichen Gemeinschaft, da ihre Ergebnisse zu sehr das akzeptierte wissenschaftliche Weltbild in Frage stellen. Robert Van de Castle war Präsident der amerikanischen parapsychologischen Gesellschaft und hatte selber als Versuchskaninchen an wissenschaftlichen Untersuchungen teilgenommen, da er ein versierter Psi-Träumer war, bei dem sich verblüffende Resultate zeigten. Sein Wälzer „Our Dreaming Mind"[134] ist deshalb in diesem Zusammenhang zu empfehlen. In ihm ist ein umfangreiches Kapitel den paranormalen Träumen gewidmet. In den letzten zehn Jahren hat dieser leider kürzlich verstorbene Traumpionier auch immer an den *Psi-Dreaming Contests* der *Psiberdreaming Conference* der *International Association for the Study of Dreams*[135] mitgewirkt.

Luzide Träume

Auch dieses Thema möchte ich hier nicht weiter erörtern, da ihm ein eigenes Kapitel gewidmet ist. Luzide Träume können spontan auftreten, man kann sich aber auch ganz ähnlich wie im Sport trainieren, um häufiger luzide Träume zu haben. Die Existenz dieser Traumart ist heute wissenschaftlich anerkannt, nachdem sie jahrhundertelang nur in okkulten Zirkeln gepflegt wurde. Und noch etwas: Uninformierte Journalisten interessieren sich vor allem dafür, dass man in luziden Träumen den Traum kontrollieren kann und verbreiten diese Sensation genüsslich. In der Tat geht es im luziden Traum aber vor allem um mehr Bewusstheit und klares Gewahrsein. Man kann Träume im luziden Zustand beeinflussen, doch es braucht dazu ein erhebliches Maß an Könnerschaft, und diese erlangt man nicht über Nacht. Und zudem gibt Robert Waggoner in seinem Buch zum Thema zu bedenken: „Kontrolliert der Seemann sein Schiff oder das Meer?“[136] Ich denke, er kontrolliert vor allem sein Schiff, also sich selbst, und ist daher weniger Spielball der psychischen Kräfte, denen er sich in normalen Träumen üblicherweise hingibt. Doch ist das luzide Träumen nur ein erster Schritt in eine Richtung, die zur multidimensionalen Wahrnehmung unseres inneren Selbst führt, wie Elias in seinen Stufen des Träumens darlegt.[137]

Epilog

Nun sind wir am Ende des Buches „Bewusster träumen“ angelangt. Es war mir ein Anliegen zu zeigen, dass es interessant sein kann, seine eigenen Träume zu beachten, ihnen Aufmerksamkeit und damit Bewusstsein zu schenken. Um aber eine solch vertiefte Auseinandersetzung mit den eigenen Träumen führen zu können, ist es notwendig, diese in einem Traumtagebuch zu notieren. Es genügt nicht, Träume nach dem Aufwachen und vielleicht am folgenden Morgen zu erinnern, um sie dann zu vergessen. Denn so bleiben sie periphere Ereignisse, die wenig Substanz haben und deshalb kaum wahrgenommen werden. Auch die Lektüre von Traumbüchern verhilft nur zu einem oberflächlichen Verständnis, denn es fehlt die Betroffenheit, die eigene Erfahrung und die aktive Auseinandersetzung mit ihnen.

ANHANG

Ich konnte mein Wissen und meine Kenntnisse zum Thema Traum in der *Association for the Study of Dreams* erweitern und fand dort außerdem Leute mit ähnlichen Interessen, mit denen ich online in Verbindung stehe. Dieser Austausch hält mein Interesse für Träume wach und bringt mich auf neue Ideen. Deshalb möchte ich dem Trauminteressierten diese Gesellschaft empfehlen.

Die *International Association for the Study of Dreams* ist eine nicht Gewinn orientierte, multidisziplinäre Vereinigung, welche sich der theoretischen und angewandten Erforschung der Träume und des Träumens widmet. Ihre Zwecke sind, die Wahrnehmung und das Verständnis der Träume sowohl im professionellen wie auch im öffentlichen Bereich zu fördern; die Untersuchung der Natur, Funktion und Bedeutsamkeit der Träume zu ermutigen; die Anwendung der Träume zu fördern; und ein Forum für den eklektischen und interdisziplinären Austausch von Ideen und Informationen zur Verfügung zu stellen.

Wie aus dem Text ersichtlich ist, beziehe ich mich immer wieder auf das *Seth-Material*. Dieses hat mir einen hoch differenzierten psychologischen und philosophischen Bezugsrahmen gegeben, in dem ich Träume besser verstehen kann. So kann ich dieses Werk, das unter der Autorenschaft von Jane Roberts in den 60er bis 80er Jahren erschienen ist, wärmstens empfehlen.

Im deutschen Sprachraum ist diesbezüglich der Seth-Verlag an erster Stelle zu nennen, in dem in den letzten Jahren alle bisher nicht aus dem Englischen übersetzten Bände erschienen sind. Insbesondere die „Frühen Sitzungen" und „Seth, Träume und Projektionen des Bewusstseins" sind für den Träumer von Interesse. Die früher übersetzten Standard-Werke von Seth werden teilweise heute noch beim Goldmann Verlag publiziert oder sind antiquarisch erhältlich.

Zu guter Letzt möchte ich aber noch auf die zahlreichen Fußnoten am Buchende verweisen. Ich konnte viele Themen nur anschneiden, die teilweise in den darin genannten Werken viel ausführlicher behandelt werden. So sind also die Fußnoten ein guter Ausgangspunkt für eine vertiefte theoretische Auseinandersetzung mit den Träumen.

FUSSNOTEN

1. www.sethfreunde.org
2. Schredl, Michael: *Traum*; München 2008
3. Campbell, Joseph: *Die Masken Gottes, Bde I – III*; Basel 1991 – 97; Kalweit Holger: *Traumzeit und innerer Raum - Die Welt der Schamanen*; Bern, München, Wien 2000
4. Meyer, C. A: *Der Traum als Medizin*; Einsiedeln 1985
5. Artemidor von Daldis: *Traumkunst*; Leibzig 1991
6. Synesios of Cyrene: *On Dreams*; www.livius.org/su-sz/synesius/synesius_dreams_01.html
7. Freud, Sigmund: *Die Traumdeutung*, Studienausgabe; Frankfurt am Main 1989
8. Jung, C. G: Taschenbuchausgabe in 11 Bänden; München 2001
9. Hobson, J. Allan; http://.de.wikipedia.org/wiki/Allan_Hobson
10. LaBerge S.: *Hellwach im Traum*; Paderborn 1987
11. Hartmann Ernest: *Dreams and Nightmares*; Cambridge 2001
12. LaBerge, Stephen: *Exploring the World of Lucid Dreaming*, New York 1990; Tholey, Paul; Utecht Kaleb: *Schöpferisch Träumen*; Magdeburg 2001
13. Gassmann, Christoph: *Träume erinnern – Eine Anleitung zu bewussterem Träumen*; 3. Auflage, Norderstett 2011; letztes Kapitel: *Eine traumhafte Geschichte* (siehe auch http://schrift-und-traum.ch/traumbuch.html)
14. Roberts, Jane.: *Die Natur der persönlichen Realität*; Genf 1985
15. LaBerge, S.; Reingold H: *Exploring the World of Lucid Dreaming*, New York 1990
16. http://de.wikipedia.org/wiki/Dhikr
17. http://www.eliasweb.at/
18. http://www.eliasweb.at/transcripts/t_session.php?session_nr=184; http://www.eliasweb.at/transcripts/t_session.php?-session_nr=185; http://www.eliasweb.at/transcripts/t_session.php?session_nr=186
19. Vaughan-Lee, Llewellyn: *Die Zeichen Gottes*; Anhang: „Traumarbeit als spirituelle Übung“ Inverness 2001; (siehe auch http://traumring.info/sufitraumarbeit.pdf); Vaughan-Lee Llewellyn:

Spirituelle Traumarbeit; Interlaken 1992

20. Roberts, Jane: *Gespräche mit Seth*, Genf 1972, Kapitel 8; Roberts, Jane: *Die Natur der Psyche*, Genf 1979, Kapitel 2
21. Gassmann, Christoph: *Der Traum bei Elias* (http://www.eliasweb.at/de/related/gassmann.php)
22. Schredl Michael: *Traum*, Stuttgart 2008
23. http://de.wikipedia.org/wiki/REM-Schlaf
24. Hobson, J. Allan: *REM sleep and dreaming: towards a theory of protoconsciousness* (http://www.culturacientifica.org/textosudc/sueno_01.pdf)
25. Schredl Michael: *Traum*, Stuttgart 2008
26. Siehe Gassmann, Christoph: *Träume erinnern – Eine Anleitung zu bewussterem Träumen*; 3. Auflage, Norderstett 2011; letztes Kapitel: *Eine traumhafte Geschichte* (siehe auch http://schrift-und-traum.ch/traumbuch.html)
27. Alchera von Mythwell: www.mythwell.com
28. Roberts, Jane: *Seth und die Wirklichkeit der Psyche – Unbekannte Realität* Bd. 1, Sitzung 698 ff
29. Roberts, Jane: *Die Frühen Sitzungen*, Bd. 1, 23. Sitzung, Sempach 2000
30. Stephen LaBerge: „*Wake up in your Dreams*", Vortrag in Bern, März 2012
31. http://de.wikipedia.org/wiki/Traum
32. Freud Sigmund: *Die Traumdeutung*, Frankfurt 1983
33. Hartmann, Ernest: *Dreams and Nightmares*; Cambridge 2001
34. Gassmann, Christoph: *Träume erinnern – Eine Anleitung zu bewussterem Träumen*, letztes Kapitel: *Eine traumhafte Geschichte;* Norderstett 2011
35. http://de.wikipedia.org/wiki/Jean_Gebser
36. Gebser, Jean: *Ursprung und Gegenwart,* Bde I-III; München 1996
37. http://de.wikipedia.org/wiki/Ken_Wilber
38. Gassmann, Christoph: *Traumgedanken*, 2008; http://traumring.info/traumgedanken.pdf
39. Roberts, Jane: *Die Natur der Psyche*; Genf 1981
40. Siehe: http://de.wikipedia.org/wiki/Höhlengleichnis
41. Hartmann, E.: *Dreams and Nightmares*; Cambridge, 2001
42. Strauch, I., Meier B.: *Den Träumen auf der Spur*; Bern 2004

43. Von Uslar, D.: *Der Traum als Welt, Sein und Deutung des Traumes*; Stuttgart 1990
44. Gassmann, Christoph.: *Träume erinnern, Eine Anleitung zu bewussterem Träumen*; Norderstett 2011
45. Gassmann, Christoph.: *Unterwegs*; 2010. http://traumring.info/unterwegs.pdf
46. Siehe Domhoff, G. W.: *Finding meaning in dreams: A quantitative approach*; Plenum 1996
47. Tholey, P.: *Haben Traumgestalten ein Bewusstsein?* http://traumring.info/tholeytraumgestalten.pdf
48. Waggoner, Robert: *Lucid Dreaming, Gateway to the Inner Self*; Needham MA, 2009
49. Roberts, Jane: *Seth Buch – Die frühen Sitzungen Bde. 1-9*; http://www.sethverlag.ch/
50. Wangyal, Rinpoche, Tenzin: *Übungen der Nacht*; München 2009
51. Gassmann, Christoph.: *Die Identität des träumenden Ichs*, http://schrift-und-traum.ch/identitaet.pdf
52. Gassmann, Christoph.: *Nächtebuch*; Norderstett 2012
53. Strauch I., Meier B.: *Den Träumen auf der Spur*; Bern 2004
54. Roberts, Jane: *Seth und die Wirklichkeit der Psyche – Unbekannte Realität*, Bde. I + II; München 1989
55. Hartmann, E.: *Dreams and Nightmares*; Cambridge, 2001
56. Johnson, Robert A.: *Bilder der Seele, Traumarbeit und aktive Imagination*; München 1999
57. Jung, C. G.: *Das Rote Buch*; Düsseldorf 2009
58. Klaus, Thomas: *Praxis des Autogenen Trainings*; Stuttgart 2006
59. Leuner, Hanscarl: *Katathymes Bilderleben*; Stuttgart 1970
60. Grof, Stanislav: *Das Abenteuer der Selbstentdeckung*; Reinbeck 1994
61. Harner, Michael: *Der Weg der Schamanen*; München 2009
62. Moss, Robert: *Active Dreaming*; Novato, CA, 2011
63. Corbin, Henri: *Die smaragdene Vision*; München 1989
64. Roberts, Jane: *Das Seth-Material*; Genf 1986
65. Kaplan, Williams Strephon: *Traum-Arbeit*; München 1993
66. Thiemann, Jens: *Klartraum*; Reinbeck 2013
67. Meier, C. A.: *Der Traum als Medizin*; Einsiedeln 1985
68. Watkins, Susan: *Im Dialog mit Seth*, Band 2, Kapitel 3; Sempach 2012

69. Homer: *Die Odysee*; Reinbeck 2008
70. Watkins, Susan: *Im Dialog mit Seth,* Band. 2, Kapitel 3, Sempach 2012
71. Watkins, Susan: *Im Dialog mit Seth*, Band 1, S. 281, Sempach 2011
72. Elias in der 45. und 118 Sitzung: http://www.eliasweb.org/Ron/thecity.html
73. Roberts, Jane: *Das Seth-Material*; Genf 1986
74. Roberts, Jane: *Die frühen Sitzungen,* Bde. 1-9, Sempach 2000-2009
75. Castaneda, Carlos: *Die Reise nach Ixtlan*; Frankfurt am Main 1976
76. Garfield, Patricia: *Kreativ träumen*; Interlaken 1983
77. LaBerge, Stephen: *Hellwach im Traum*; Paderborn 1987
78. Zurfluh, Werner: *Quellen der Nacht*; Interlaken 1983
79. Tholey, Paul: *Schöpferisch träumen*; Niedernhausen 1987
80. Wangyal, Rinpoche, Tenzin: *Übungen der Nacht*; München 1998
81. Tholey, Paul: Kla*rträumen – Wie geht das?* http://www.traumring.info/tholeyklartraum.pdf
82. LaBerge, Stephen: *Exploring the World of Lucid Dreaming*; New York 1990
83. Roberts, Jane: *Seth, Träume und Projektionen des Bewusstseins*; Sempach 2013
84. Buhlman, William: *Out of Body*; München 2004
85. Füssli, Johann Heinrich: *Die Nachtmahr;* http://de.wikipedia.org/wiki/Johann_Heinrich_F%C3%BCssli
86. Gassmann, Christoph: *Paul Tholey;* http://www.traumring.info/tholey.html
87. Waggoner, Robert: *Lucid Dreaming*; Needham 2008
88. LaBerge, Stephen: *Hellwach im Traum*; Paderborn 1987
89. Van Es, Els: *Multiple Welten – Komplexes Sein*; Kindle e-book 2013
90. Roberts, Jane: *Seth, Träume und Projektionen des Bewusstseins*; Sempach 2013
91. Hall, C.; Van de Castle, R.: *The Content Analysis of Dreams*; New York 1966
92. Strauch I., Meier B.: *Den Träumen auf der Spur*; Bern 2004
93. Schredl, Michael: *Die nächtliche Traumwelt*; Stuttgart 1999
94. Watkins, Susan: *Im Dialog mit Seth,* Band. 2, Kapitel 1; Sempach 2012
95. Watkins, Susan: *Dreaming Myself, Dreaming a Town*; New York,

1989
96. Ebenda, S. 45 ff
97. Gassmann, Christoph: *Träumen Sie vom Zürichsee?* 2002; http://www.traumring.info/traeumezuerichsee.pdf
98. Ullman, M. Krippner S. Vaughan A.: *Dream Telepathy*; Charlottesville, VA, 2002
99. Magalòn, Linda: *Mutual Dreaming*, New York, 1997
100. http://asdreams.org/
101. Campbell, Jean: *Dreams Beyond Dreaming*, Norfolk 1980; Campbell, Jean: *Group Dreaming: Dreams to the Tenth Power*; Norfolk , 2006
102. http://traumring.info/anthroposophie.pdf
103. Freud, Sigmund: *Die Traumdeutung*, Studienausgabe; Frankfurt am Main 1989
104. Jung, Carl Gustav: *Traum und Traumdeutung*, München 1990
105. Boss, Medard: *Der Traum und seine Auslegung*, München 1974
106. Becker, Udo: *Lexikon der Symbole*; Freiburg 2008
107. Aeppli, Ernst: *Der Traum und seine Deutung*, München 2000
108. Gassmann, Christoph: *Nächtebuch*; Norderstedt 2012
109. Jung, Carl Gustav: GW Bd. 8, *Die Dynamik des Unbewussten*; Olten 1991
110. Van de Castle, Robert: *Our Dreaming Mind*; New York 1994, S.66ff
111. Van de Castle, Robert: *Our Dreaming Mind*; New York 1994, S. 75
112. Von Denver, Ahmad: *Träume und Traumdeutung im Islam*; www.way-to-allah.com/dokument/traeumeundtraumdeutungimislam.pdf
113. Van de Castle, Robert: *Our Dreaming Mind*; New York 1994, S.74
114. Van de Castle, Robert: *Our Dreaming Mind*; New York 1994, S. 78
115. Van de Castle, Robert: *Our Dreaming Mind*; New York 1994, S. 79
116. Van de Castle, Robert: *Our Dreaming Mind*; New York 1994, S. 84
117. http://de.wikipedia.org/wiki/Hypnose
118. Freud, Sigmund: *Die Traumdeutung*, Frankfurt am Main, 2010
119. Freud, Sigmund: *Das Ich und das Es*; Frankfurt am Main, 2009
120. Jung, C. G.: *Wandlungen und Symbole der Libido*; München 1997
121. Jung, C. G.: *Aion* (Ges. Werke, Bd. 9); Olten 1976
122. Jung, C. G.: *Die Dynamik des Unbewussten* (Ges. Werke, Bd. 8);

Olten, 1975

123. Jung, C. G.: *Symbole und Traumdeutung*; Mannheim 2011
124. Van de Castle, Robert: *Our Dreaming Mind*; New York 1994
125. Moss, Robert: *The Secret History of Dreaming*; Novato CA 2009
126. Freud, Sigmund: *Die Traumdeutung*; Frankfurt am Main 2010
127. Gassmann, Christoph: *Träume als diagnostisches Hilfsmittel*; 2010 www.traumring.info/diagnosetraum.pdf
128. Gassmann, Christoph: *Mehr Bewusstheit*; 2004. www.traumring.info/portrait.pdf
129. Gassmann, Christoph: *Sufi-Träume*; 2006. www.traumring.info/portrait.pdf
130. Magallón, Linda: *Mutual Dreaming*; New York 1997
131. Donahoe, James J.: *Die Kunst des Träumens*; Basel 1980
132. Rhine, L.: *Hidden Channels of the Mind*; New York 1961
133. Ullman, M.; Krippner S.; Vaughan A.: *Dream Telepathy: Explorations in Nocturnal ESP*; 2d edition, Jefferson N.C. 1989
134. Van de Castle, R.: *Our Dreaming Mind*; New York 1994
135. www.asdreams.org/
136. Waggoner, Robert: *Lucid Dreaming, Gateway to the inner Self*; Needham MA, 2008
137. www.eliasweb.org/de/related/gassmann.php